【学者文库】

文化概念的时代阐释

谢伦灿◎著

华龄出版社
HUALING PRESS

责任编辑：董　巍
责任印刷：李未圻

图书在版编目（CIP）数据

文化概念的时代阐释 / 谢伦灿著 . -- 北京：华龄
出版社，2019.12
　ISBN 978 - 7 - 5169 - 1550 - 9

　Ⅰ.①文… Ⅱ.①谢… Ⅲ.①文化语言学—研究
Ⅳ.①H0-05

中国版本图书馆 CIP 数据核字（2020）第 005832 号

书名：文化概念的时代阐释
作者：谢伦灿 著
....
出 版 人：胡福君
出版发行：华龄出版社
地　　址：北京市东城区安定门外大街甲 57 号　邮编：100011
电　　话：010—58122241　　　　　　传真：010—84049572
网　　址：http：//www. hualingpress. com
....
印　　刷：三河市华东印刷有限公司
版　　次：2020 年 5 月第 1 版　　2020 年 5 月第 1 次印刷
开　　本：710×1000　1/16　　　　　　印张：17
字　　数：196 千字
定　　价：95. 00 元
....

前　言

　　文化是时代源远流长的一条长河，文化是生活涂抹不去的多彩印迹，社会发展通过文化的记忆而精彩，人类进步因有文化的交流而博大。国家之昌盛因为文化的包容而壮大，百姓之快乐因为文化的存在而不息。

　　目前，我国文化迅猛发展，文化新兴业态不断呈现，历史给了我们最好的发展机遇，世界给了我们宽广的文化舞台。据不完全统计，因文化而生成的词汇每年是其他词汇量增长的 21 倍，80后让"网络文化"流行开来，90后让"二次元文化"迭代再生。文化事业长足发展，文化产业更是硕果累累。文化关联的词汇越来越丰富，此时需要对它们进行概念梳理、科学归类并作出阐释指引。

　　基于此，我将这本小册子命名为《文化概念的时代阐释》，通过"文化＋后缀词"的体例，将冠有文化的词条，进行功能解读，例如：文化金融、文化贸易、文化市场、文化经济、文化商品、文化增值、文化折扣、文化贴现等几百个含有"文化＋后缀词"的词汇，通过"物质文化、精神文化、制度文化、行为文化"四个大类，"经管、空间、生活、组织、现象、功能、观念、标准、目标、学理、标准、行政、导向、约束、方法"十五个小类，从"词条来源、定义描述、内容概览、适用范围、案例呈现"五个方面内容进行阐释解读，有些词条来源不能明确的，即不对来源进行解说。

书稿尝试关注文化词条的时代概念，并对词条做到"有出处、有阐释、有运用、有指引"，想把它写成一本面向文化产业学者的词汇溯源专业书、文化产业专业学生的升学必备参考书、文化产业从业人员的常备红宝书。

由于文化概念浩瀚无边，新生词汇层出不穷，文献资料极其有限，难免挂一漏万，在以后的日子我将继续收集归类，并将尝试以丛书的方式陆续呈现《文化概念的时代阐释》《文化形态的承载功能》《文化生成的多元路径》《文化地理的具象特征》等内容结集出版，希望得到读者和同仁的帮助与指正。

目 录
CONTENTS

第一部分 01

物质文化

一、经管类

1. 文化金融

【词条来源】中国人民银行、财政部、文化部等部门于 2010 年下发了（银发〔2010〕94 号）《关于金融支持文化产业振兴和发展繁荣的指导意见》，为贯彻落实党的十八届三中全会"鼓励金融资本、社会资本、文化资源相结合"的要求，2014 年 3 月 17 日又下发了《关于深入推进文化金融合作的意见》，"文化金融"活动便在我国积极开展起来。

【定义描述】文化金融，并不是简单意义上的将文化与金融进行合并，而是要通过金融手段、方法、服务撬动文化产业这根杠杆的一个支点，引导文化金融价值观的形成与走向。

【内容概览】（1）文化金融是文化产业和金融业融合发展下催生的一种新业态，是文化资源和金融资本的对接，它以现代市场机制融合了更多的资源资本，为经济转型升级注入了新的活力。[①]（2）当前，由于金融产品创新不足，资本市场不完善，文创企业与金融机构有效

---

① 张苏秋. 大力发展文化金融新业态〔J〕. 群众，2019（8）：20 – 21.

联动性不强，文化与金融结合的商业模式不明晰，导致文创企业有效融资不足。① （3）文化金融是文化在金融领域的拓展，依托金融助力文化产业的发展，文化金融合作已经成为我国文化产业发展的显著特点和重要成果，成为我国文化产业持续、快速、健康发展的重要动力。（4）文化金融既是金融市场交易规则和机制的一种创新，又将是金融产品创新的一个突破口。

【适用范围】文化产业的发展离不开金融资本的支持，高质量、高发展性的金融资源同样也需要根植于良性、可持续发展的文化产业环境。② 有些发达国家文化产业发展较快，文化金融体系相对完善，初步形成了以银行贷款为主，基金、信托、政府专项财政补贴和创新性融资方式相结合的文化金融体系，很大程度上解决了文化企业的融资难题。③ 用于开发文化类的金融产品，为文化项目、产业融资提供业务支撑。加强政策协同配合，按照差异化、精细化、科学化原则，继续加大对重点文化产业项目的金融支持，完善对文化产业薄弱领域的金融服务，引导文化企业科学投资经营，优化文化产业投融资结构，缓解金融服务供给与文化发展需求间的矛盾，促进文化产业规模化、集约化、专业化发展。支持发展文化类小额贷款公司，充分发挥小额贷款公司在经营决策和内部管理方面的优势，探索支持小微文化企业发展和文化创意人才创业的金融服务新模式。在加强监管的前提下，支持具备条件的民间资本依法发起设立中小型银行，为文化产业发展提供专业化的金融服务。

---

① 刘薇. 文化金融发展的进路与策略［J］. 开放导报，2019（2）：107 – 110.
② 龚旭云. 浙江省文化金融创新路径研究［J］. 金融经济，2019（8）：128 – 131.
③ 吴庆跃，纪盛. 文化金融发展的国际经验与中国实践［J］. 银行家，2018（1）：119 – 121.

【案例呈现】（1）美术馆利用资本市场筹资，国际知名美术馆除
了通过传统赞助和募捐外，还利用资本市场进行筹资。其中，著名的
美国纽约现代美术馆（MOMA），通过债券市场进行了多轮融资，用
于大资金的改扩建工程等。（2）金融机构以艺术赞助方式参与艺术金
融市场，在国内则是民生银行和泰康人寿两家具有民营背景的金融机
构最为突出，它们在获得自身品牌推广的同时，也对中国当代艺术的
发展起到了重要作用。① （3）2018 年 8 月 28 日，北京市首家文化金融
服务中心——国家文化产业创新实验区文化金融服务中心（以下简称
中心）正式落户莱锦文创园。文化金融服务体系呈现出"信用价值筑
基、政策支持架桥、融资服务为核、股权交易助跑"的联动发展
格局。②

2. 文化贸易

【词条来源】文化贸易英语翻译为 Commerce in Culture，最开始出
现在"服务贸易总协定"（GATS）中。

【定义描述】文化贸易是指世界各国（或地区）之间所进行的以
货币为媒介的文化交换活动，③ 是国际服务贸易中的重要组成部分。

【内容概览】国际文化产品与服务的输入和输出的贸易方式，它
既包括有形商品的一部分，例如音像录影制品、纸制出版物等，也包
括无形商品，例如版权、关税等。它是文化经济链条上的相关环节，
如果说文化产业直接关注产品的生产，那么文化贸易则关注文化产品

---

① 张志元. 艺术金融发展的金融供给侧改革略论 [J]. 人文天下，2017，99 (7).
② 郑洁. "授人以鱼"更要"授人以渔"文化金融服务升级在路上 [N]. 中国文化
　报，2018 – 09 – 08.
③ 李怀亮. 国际文化贸易导论 [M]. 北京：中国传媒大学出版社，2008：26.

的下游，关注与文化产品制造紧密连接的文化产品的流通、交易与销售领域。

【适用范围】与知识产权有关的文化产品和文化服务的贸易活动。商务部2018年2月8日发布的数据显示：2017年，我国文化贸易总额达1265.1亿美元，同比增长11.1%。其中，我国与"一带一路"沿线国家文化贸易额达176.2亿美元，增长18.5%，贸易份额占比提高至18.1%。

【案例呈现】（1）在海外市场打拼了10年，说起"走出去"的经验，北京华江文化发展集团董事长陈绍枢想说的有很多。他分享道，要"走出去"先要"引进来"，从去年开始，华江决定回归国内，与国外同行业的优秀企业以及合作过的企业重新签约，再燃"走出去"这把火。① （2）数字娱乐产品正成为文化贸易的主力，助力中华文化走向世界。中国的动漫、网络游戏厂商研发了许多适合西方玩家的产品，比如第七大道的《神曲》《弹弹堂》，适合日韩、东南亚玩家的武侠和三国题材的游戏产品。网络游戏这一高度互动、参与性强的产品满足了更广泛受众的需求，正在实现从"民族的"到"世界的"转变。②

3. 文化市场

【词条来源】列宁说过："市场是商品经济的范畴"③，文化市场

---

① 佚名. 文化贸易做好一带一路大文章［N］. 国际商报，2018 – 06 – 01.
② 数字娱乐产品正成为文化贸易主力［EB/OL］. 中国商务新闻网，2019 – 01 – 03.
③ 列宁. 列宁选集：第1卷［M］. 北京：人民出版社，2012：161.

源自《文化经济学》一书。① 也有一种说法，"文化市场最早出现在文化部与国家工商总局联合签发的一份文件中，文件第一次使用了'文化市场'这个概念。它囊括了文艺演出市场、出版市场、娱乐市场、文物市场和集邮市场。"②

【定义描述】文化市场是文化消费各方参与交换的多种系统、机构、程序、法律强化和基础设施之一，文化市场是文化商品和服务价格建立的过程。文化市场体系是指由文化市场交易过程中相互影响、相互作用的各种文化市场共同构成的有机系统。③

【内容概览】（1）在市场经济的影响下，文化市场是文化产业发展的依靠，因此文化市场在文化资源的配置过程中应该发挥支撑性作用。（2）完善文化市场的现代化体系，应该充分强化文化市场在文化资源配置中的支撑性作用的同时，也要发挥管理部门的作用，以防范市场机制失灵。（3）文化市场也不是一个国家所能单挑和独守的。④（4）我国的文化市场体系是由文化消费需求市场、文化生产要素市场、文化产品市场组成，它们之间既相互独立也相互依存，同时相互制约。

【适用范围】适用文化艺术产品生产和消费中介方面，要发展文化市场，就得积极鼓励和正确引导消费者的消费需求。加快健全新的评价体系，让作品和口碑成为真正的流量。建构正确的文化市场体系，

---

① 杨永忠，林明华. 文化经济学——理论前沿与中国实践［M］. 北京：经济管理出版社，2015：8.

② 佚名. 文化市场的影响力［N］. 中国工商报，1992 - 02 - 20（3）.

③ 罗紫初，秦洁雯. 论文化市场体系的内涵、结构与特征［J］. 出版科学，2014（1）.

④ 刘金祥. 文化市场已进入"第三代竞争"［N］. 环球时报，2019 - 07 - 23.

倡导积极的文化市场生态，引导文化市场朝着健康纯粹的方向发展。①
现今，人们的文化消费习惯还没有形成，消费的需求还远远没有释放
出来，文化市场供需的结构性矛盾依然突出。管理部门应该关注文化
市场的细分，推出惠民政策，为青少年、农民、各类低收入等弱势群
体提供消费保障。通过各种方式鼓励文化企业推出新型文化产品和文
化服务，培育消费热点，拓展消费领域，扩大消费市场。

【案例呈现】（1）以电影业为例。电影业是当下文化行业中公认
发展最好的门类之一。我国电影业的快速发展，在很大程度上得益于
20 世纪 90 年代的市场化改革：1993 年，电影业打破了计划经济时期
的统购统销，改为电影制片厂自行发行拷贝、自行定价，并分享拷贝
发行的收入。此举盘活了电影产业链，为电影业注入了活力和创造力。
（2）北京小剧场话剧也是文化市场激发文化创造力的一个典型案例。
20 世纪 90 年代，话剧业十分萎靡。出于生存压力，北京人艺将其小
剧场出租，没想到此举激发了小剧场话剧的活力。著名导演孟京辉承
包经营小剧场后，采取了一系列创新措施，把小剧场话剧办得红红火
火，精品不断出现，完全通过市场方式生存下来。小剧场话剧成为北
京最有特色的艺术样式之一，其影响辐射全国。（3）台北"故宫博物
院"开发的衍生产品年收益达四亿至五亿台币。②

4. 文化经济

【词条来源】马克斯·韦伯从文化比较的角度，去分析文化体系

---

① 韩小乔. 莫让"粉丝经济"乱了文化市场［N］. 安徽日报，2019－06－18.
② 祁述裕，孙博，孙凤毅."论文化市场"［J］. 福建论坛人文社会科学版，2015
（2）：53.

如何关联到现代资本主义经济，如何导致不同的经济发展状态，开创出从文化角度解读经济发展的独特视角。韦伯对"文化经济"的研究，最先关注的是欧洲的宗教改革对于催生现代资本主义的正面作用，尤其是基督教新教提出的教义和宗教伦理，对于现代西方资本主义和工业革命具有重大的促进作用（Weber，1958；Lessnoff，1994）。①

【定义描述】文化经济是与文化相关联的经济形态的总称，是将经济和文化之间进行互换的一种社会状况与推进规律，是把各种文化积淀转换为资源内涵的经济交易活动。文化经济中都有世俗性，这种世俗并不是低俗和庸俗，而是平民性，更关注文化生活和文化经济的本身。② 文化经济是从狭义概念经济学到广义概念经济学的全新突破，它的出现，不仅使无数历史文化资源得以转化成创新商品，更将成为继高新科技之后引领经济发展的财富新增长极。

【内容概览】（1）文化经济创造的产品能促进文化消费、增加文化流通、改变社会财富形成、实现人的自由发展和人类社会文明进步。（2）文化经济可以通过交易的手段和途径进行文化再生产，提升文化产品消费，增加文化流通，改变社会财富形成、来源和结构，是实现人的自由发展和人类社会文明进步的一种社会文化现象和社会行为系统。（3）"文化经济"一词的重心在文化不在经济，它有两个内涵。一是指文化产品也是经济产品，内容、美感、独创、个性等都可以是一种商品；二是指文化塑造经济，文化经济不是文化成为经济的增长点，而是经济应当分享文化的性质和功能。但无论什么意义上的，在

---

① 高崇．"文化与经济"研究综述［J］．广西民族大学学报（哲学社会科学），2013，35（5）：2-8.

② 林风．沿海与内陆川粤文化经济的异曲同工［J］．四川省情，2019（5）：25-27.

经济之外，都还有相对独立的文化存在。（4）在体验经济时代发展之下，产品已不再是单一的形态，所有的发展围绕着文化及创意的发展更新，文化经济的发展已经成为现代经济发展的新的增长点。① （5）"文化经济"的观念当然优于"文化产业"的观念，但它仍然是就文化与经济的关系考虑文化问题，它并不就是文化理论。如果说，把人类生活的一切都经济化的社会绝非人类的理想，而文化始终在坚持着、维护着人类价值的多样性，那么，从经济方面使用文化、追求文化的经济效益的思维和实践，无论对发展文化产业有多大的合理性，都不是完整的文化理论。②

【适用范围】（1）文化经济通过系列活动可以开发全世界区域独特的丰富人文历史资源，前人留下的最宝贵的精神财富，就是文化经济源远流长的全新动能。可惜目前转化率不高，可谓"文有余而化不足"。（2）文化的积淀形成的只是文矿，矿不开采、提炼、转化和运用就体现不出价值。要想把文化价值转化为经济价值首先要找到经济这个载体，然后要做好乘法。文化在借助具体的商品形态去实现自己价值的同时也帮助商品提升了品位，传播了文化，这样可以一举三得。③

【案例呈现】（1）陶瓷就是文化与经济结合得最好的一个鲜活案例，它也是中国传统文化伴随经济贸易活动走出去最成功的模范。一部中国陶瓷史就是一部中国文化经济的脉络发展史，也是中国文化经

① 王绯. 体验经济时代的文化创意设计发展探究［J］. 中国包装, 2019, 39（4）: 28 - 32.
② 单世联, 卢子葳. 文化效益冲突的意义及效果——兼论文化价值与文化效益的关系 ［J］. 上海财经大学学报, 2017, 19（4）: 4 - 14.
③ 彭中天. 文化经济的价值与使命［J］. 商业观察, 2017（5）: 80 - 81.

济的文明互鉴史，世界就是通过陶瓷来认识中国的，中国陶瓷的文化经济成功经验非常值得总结与借鉴。（2）莫扎特之所以为莫扎特，是因为他的音乐，而不是因为他开创了萨尔茨堡的旅游业，或是给巧克力和糖果命名。首先得有莫扎特的音乐，然后才有旅游业、巧克力和糖果。

5. 文化商品

【词条来源】以营业为目的的节目、图书音像制品以及其他可以进行商业交易的文化物品。最早来源于《经济日报》的一段报道，"我国的对外文化交流，不仅需要把传统的和现代的优秀文化介绍给世界，还应该同时推动中国文化商品出口，以文化商品创汇"①。

【定义描述】文化商品是指文化产品消费者在交换过程中所得到的文化精神产品的文化娱乐服务的总和。文化商品包括文化劳动产品和文化劳动服务。文化劳动产品一般是以物质作为文化的载体体现的，表现为物态形式；而文化劳动服务则一般是以人的活动作为文化的载体体现的，表现为非物态的活动形式。②

【内容概览】（1）文化商品从根本上讲是作为一种可以实现其经济价值的人类文明产物而存在的。（2）文化商品与其他商品的区别就在于其拥有思想、精神及人生价值等深层内涵。③（3）这些深层的事物对于一个国家的文化生活来说却可能较那些可以衡量、可以测度的

---

① 《经济日报》1990.12.23.
② 严月珺. 文化商品的兴起与发展——基于《资本论》视角［J］. 现代经济信息，2016（13）：338.
③ 马翀炜. 论文化商品的价值［J］. 云南社会科学，2018（4）：105.

事物更加重要。①

【适用范围】文化商品既具有文化产品的一般属性，又具有区别于非商品性文化产品的特殊属性。文化商品的适用范围是其赋予使用者的生产超额利润能力的所有领域，文化商品价值的承担者，不是知识的使用价值，而是文化商品的使用价值，文化商品的生命周期决定其价值转移与补偿周期，原创性文化商品的价值量由其所耗费的社会必要劳动量决定，复制性文化商品的价值量等于原创性文化商品价值摊销额与生产复制品时新增价值量的总和。②

【案例呈现】北京故宫博物院在 1984 年成立故宫文化服务中心，2008 年注册"故宫淘宝"实现网上销售。如今官方认可的淘宝店铺有两家，一是天猫旗舰店"故宫文创"，二是淘宝企业店铺"故宫淘宝"。前者主营高端精致产品，后者则亲民可爱，通过不同定位细分市场。虽然这两家店铺分开经营，但其对故宫文化的输出都功不可没。数年间文创产品的种类数量成倍增加，最初只有几百件产品，到 2015 年年底研发数量达 8676 种，2015 年上半年销售额实现 7 亿元，销售利润近 8000 万元，实现了可观的经济效益。2017 年故宫文创产品的销售额高达 10 亿元。故宫文创产品走红背后值得关注的是其对故宫文化传播以及其对故宫形象塑造。③ 故宫口红——国货美妆再一次因为故宫火了。2018 年 12 月 9 日，故宫新款口红在天猫限量首发，瞬间引爆互联网。仅仅过去一晚，预定数已经超过一千支，其中最火的

---

① ［美］约瑟夫·熊彼特．经济分析史：第 3 卷［M］．北京：商务印书馆，1996：57.
② 董建斌．论文化商品的使用价值、价值与价格［J］．企业家天地下半月刊（理论版），2008（1）：213.
③ 李羚．浅谈文化旅游与文化产业融合新形式——以北京故宫文创产品开发为例［J］．度假旅游，2018（10）：42.

"朗窑红"色号预定数已超过 600 支。故宫博物院院长单霁翔说:"故宫口红唯一的缺点是缺货。"口红唇色均来自故宫国宝色,朗窑红、枫叶红、豆沙红、碧玺色、玫紫、人鱼姬,口红外观均从后妃服饰与绣品上汲取灵感,以黑、白、赤、青、黄五色体系结合"宫廷蓝"为底色,上方由仙鹤、蝴蝶、瑞鹿、蜜蜂"领衔出演",下方饰以绣球花、水仙团寿纹、地景百花纹、菊花、四季花篮等吉祥图案。可以说,用国宝色彩传递东方审美,是故宫这套高级中国风口红的独特之处。在传递中华传统文化魅力的同时,故宫也期望不断向年轻、时尚的消费群体靠近。让你从包里拿出它的那一刻,便可以成为全场焦点。

"故宫文创"淘宝评价文本分析前 30 位高频词表

序号	内容	词频	序号	内容	词频	序号	内容	词频
1	故宫	71	11	开心	21	21	特色	10
2	可爱	61	12	送给	17	22	质感	10
3	好看	59	13	胶带	15	23	皇帝	10
4	精致	39	14	袋子	13	24	锦衣	10
5	味道	33	15	好评	13	25	下次	10
6	超级	30	16	做工	13	26	评价	9
7	礼物	29	17	宝贝	12	27	小猫	9
8	包装	23	18	收到	12	28	端午	9
9	朋友	22	19	购物	12	29	问题	9
10	满意	22	20	贺卡	12	30	文化	9

6. 文化增值

【定义描述】文化增值表示部分文化产品或服务在跨文化市场上

不但没有出现价值折损，反而受到当地消费者的喜爱和接受①。

【内容概览】（1）文化增值是国家文化贸易中经常出现的经济现象，其产生的根源在于知识差异。文化增值是因为保留了不能完全精确理解的知识边界。②（2）文化增值对文化产品和服务的国际市场开拓具有显著的正面效应。由于文化背景的不同，文化产品在异域获得的传播效果和价值不小于其在本土获得的传播效果和价值。（3）只有在物质消费水准达到一定程度的时候，人们才更渴望精神消费，也就对物质消费与精神消费有结合的要求了。文化资源不仅作用于人的灵魂，而且可以进入产业，刺激新的经济形态和结构的产生。③（4）当各地的传播效果大致相等时，对于文化产品生产国来说，依然是一种"增值"，因为文化产品影响范围的扩大本来就彰显了它的价值的提升，而且在跨文化传播中，异域受众不仅对产品文化本身认同，还附加了对来源国信息的认知。

【适用范围】文化增值的方法，一是再生和衍生，二是创意，三是复制。注重再生和衍生，是由于原生的文化遗迹和艺术作品作为文化遗产，已进入保护范围，其开发受到限制，增值也受到限制，甚至可以说只能耗财而不能生财。而再生的艺术和衍生的艺术，不受这种限制，可以进行大胆的创意和开发，并使其产业链得到最大延伸，从而使其得到最为充分的增值④。

---

① 胥琳佳，刘建华. 跨文化传播中的价值流变：文化折扣与文化增值〔J〕. 中国出版，2014（8）：8.
② 孙婧博，昝廷全. 文化折扣与文化增值的本质及其数学模型〔J〕. 现代传播（中国传媒大学学报），2019，41（04）：127 - 129.
③ 贺寿昌，徐芳. 文化创意产业，增值的秘诀在文化〔N〕. 解放日报，2018 - 08 - 23.
④ 王建疆. 论文化艺术的增值〔N〕. 甘肃日报，2012 - 02 - 03.

【案例呈现】（1）《越狱》这部电视剧在美国成绩平平，还曾面临停播的危机，播出 4 年来，从未染指"艾美奖"和"金球奖"这两个美国最重要的电视剧奖项，和同期热播美剧《迷失》《绝望的主妇》等剧集相比，效果不尽如人意。但是从它开播起，就受到了中国网友的热捧，并且成为中国观众大规模观看美剧的标志性剧集之一。（2）《还珠格格》《甄嬛传》这两部热播国产电视剧红遍中国大陆，它们被翻译成多种语言进入海外市场，1998 年的《还珠格格》成为第一部红遍亚洲的国产剧。而 13 年后的《甄嬛传》不仅俘获了亚洲观众，还进入了美国市场，在美国华语频道已经播出两轮，后经改编卖给美国主流电视台。其主演孙俪凭借《甄嬛传》入围第 41 届国际艾美奖最佳女主角提名。（3）2012 年红遍中国大江南北的《中国好声音》的原版《荷兰好声音》开办于 2010 年，制作人是荷兰金牌制作人马克·德文克。由于节目形式新颖，效果火爆，全球已有超过 40 个国家开始购买版权，并开发本国的"好声音"。2011 年，美国国家广播公司 NBC 重新包装推出《美国好声音》，很快便成为王牌综艺节目《美国偶像》的最大竞争者。《英国好声音》首播的平均收视人数多达 842 万，远远超出了《X 元素》《Strictly Come Dancing》的首播收视率。法国、德国和韩国等也纷纷购入《荷兰好声音》的版权，都获得了巨大成功。（4）《江南 Style》这首植根于韩国文化、反映韩国上流社会生活的 MV，面世之初就被放到了 Youtube 上，在全球范围内一夜成名。（5）美国人拍摄的《功夫熊猫》是一部嫁接中国文化元素的创意作品，其可观的票房收入，可能是全球所有中国功夫表演收入和熊猫馆门票收入的总和都不能望其项背的。因此，创意产业就是增值产业，是高附加值产业，是增值最快的产业。

7. 文化旅游

【词条来源】文化旅游的概念最早由 Robert（1977）提出，国内学者马波（1998）较早区分了旅游文化与文化旅游的不同，他认为文化旅游属于运动的范畴，是旅游的一种类型①。而更多的学者将目光放在了文化旅游开发以及发展的问题上，徐菊凤（2003）分析了北京文化旅游的发展现状、难点及路径②。李萌（2011）在其博士论文中探讨了上海旅游、文化创意和文化旅游之间的深度关系③。

【定义描述】文化旅游存在于旅游的过程当中，包括食、住、行、游、购、娱六个环节，并且通过旅游去了解目的地的历史文化遗址和当地人的生活及思想状况。文化旅游是旅游者远离自己的常住地，为满足文化需求而进行的旅行活动。也被人描述成"从一个自己活腻了的地方到一个别人活腻了的地方去体验"。

【内容概览】（1）"旅游是经济性很强的文化事业，又是文化性很强的经济事业"④。十多年前就有学者提出旅游与文化具有较强的关联性，但现实中文化旅游产业多沦为变相的房地产产业。（2）文化旅游精品开发应当将本土知识与文化创新相结合，重视传统工艺地方性、民族性特征，保持其乡土韵味，是文化创新不能背离的重要原则⑤。

---

① 马波. 现代旅游文化学［M］. 青岛：青岛大学出版社，1998.
② 徐菊凤. 北京文化旅游：现状－难点－战略［J］. 人文地理，2003，18（5）：84－88.
③ 李萌. 基于文化创意视角的上海文化旅游研究［D］. 上海：复旦大学，2011.
④ 于光远，马惠娣. 关于文化视野中的旅游问题的对话［J］. 清华大学学报（哲学社会科学版），2002（5）：13－18.
⑤ 金少萍. 本土知识与文化创新——以云南民族工艺文化为研究个案［J］. 云南师范大学学报（哲学社会科学版），2007，39（5）：52－57.

【适用范围】适用文化旅游管理部门出台的各类政策，文化与旅游企业、产品、学术的所有表述。

【案例呈现】（1）云南大理"璞真扎染"案例。从文化遗产的角度，以"非遗"为中心的工艺村建设有助于维持一个民族文化和社区的大生态，可以为周城的扎染从业者提供从市场参与者到"非遗"项目的共同受益者的多重身份。并且，在非遗博物馆院落中将扎染技艺的各个环节聚合在一起，整合到博物馆展示和游客参与体验的产品中，形成了一个小生态①。（2）浙江杭州"宋城千古情"案例。东方大型歌舞《宋城千古情》上演 12 年，至少 2600 万人次观看过这台演出，近年年均观看 300 万人次以上，堪称目前世界年演出场次最多和观众接待量最大的剧场演出。它被国外媒体誉为世界三大"名秀"之一，与法国"红磨坊"、美国拉斯维加斯 O Show"齐名。宋城项目启动之初，其决策层就清醒地认识到：旅游的背后是文化。所以，宋城主题公园以建筑为形、文化为魂，把文化和旅游紧密捆绑在一起，使两者有机融合，形成互补、相互拉动，并以《宋城千古情》为引擎，通过"主题公园 + 旅游文化演出"模式搞活市场②。

8. 文化 IP

【词条来源】IP 是在当下文化产业语境下诞生的新词汇。IP 是 Intellectual Property（知识产权）的英文缩写形式。简单地说，IP 可以是一个具体的形象、一个完整的物、一个故事，或是一个抽象的概念。

---

① 杨洪吕. 文化旅游与非物质文化遗产的双重管理［J］. 中外企业文化，2018（9）：41.
② 董鸣. 文化与旅游深度融合的经典案例——《宋城千古情》对文化产业发展的启示［J］. 当代贵州，2011（13）：29.

在中国互联网语境下，IP 不仅仅指知识产权，更是指具有生命力和较高商业价值的跨媒介文化元素的生产与运营①。

【定义描述】文化 IP 是把文化遗产和文化财富巧妙地结合在一起，并通过挖掘、梳理、开发等手段，建立起有市场价值的文化信息最终成为 IP②。

【内容概览】（1）通俗地说，IP 就是知识（财产）所有权，如同著作权、商标权、专利权一样，IP 是内容的智力成果。（2）随着网络的普及，IP 这个说法才开始逐渐流行起来，IP 的利用和开发也随着网络传播的快捷，成为积攒粉丝的重要资源③。（3）百度百科介绍说，IP 可以是一首歌，一部网络小说、话剧，或是某个人物形象，甚至只是一个名字、短语，只要是有特定内容的创造性智力成果，都可以成为 IP。

【适用范围】网络小说、话剧、某个人物形象，甚至某个名字、短语，著作权、商标权、专利权、电影、电视剧，动漫、卡通、游戏，将以上内容进行传播、译介、改编，使其不断被搬上舞台、影幕、荧屏、书刊。

【案例呈现】（1）以日本熊本县为例，熊本曾是少有人关注的地方，为吸引游客，当地请著名设计师设计了熊本熊，并通过营销使其在互联网上大受追捧。日本熊本县依托"熊本熊"形象与"特色小镇"有关文化输出，将"熊本熊"的卡通形象 IP 与熊本县文化 IP 联

---

① 郝君. 中国传统文化 IP 价值的挖掘与孵化研究——以洛阳白马寺为例［J］. 今传媒，2017，25（3）：158 - 160.

② 李羚. 浅谈文化旅游与文化产业融合新形式——以北京故宫文创产品开发为例［J］. 度假旅游，2018（10）：41.

③ 徐习军.《西游记》：一个超级文化 IP［J］. 淮海工学院学报（人文社会科学版），2018（11）：32.

系起来形成当地特色，发展旅游业①，从而带动了当地经济发展。（2）《太阳的后裔》播出 9 集，收视破 30%，被封为国民剧。《太阳的后裔》热播让其取景地——江原道太白市声名大噪，广为海外游客所知；衍生产品开发做得有声有色，开始形成产业链。可见，文化 IP 的强弱与文化的含量、IP 的体量有关，更与制作精良有关。《太阳的后裔》不仅在中韩热播，其版权还被卖到 27 个国家，除中日等"韩流"主阵地外，还包括欧洲、中东等地区，在美洲热播还配有 30 多种语言②。（3）《西游记》是一个可供免费开发的大 IP，无论是学术研究、文化艺术创作还是文化资源利用，无论是西游记故事的可重构性还是西游记文化传播附会的广泛性，都有极大的开发利用空间，因而《西游记》也就成为四大名著中最热门的 IP。

9. 文化折扣

【词条来源】 （1）文化折扣作为一个传播术语，是由霍斯金斯（CoinHoskins）和米卢斯（R. Mirus）在 1988 年发表的论文《美国主导电视节目国际市场的原因》（"Reasons for the U. S. Dominance of the International Trade in Television Programs"）中首次提出的概念③。（2）"文化折扣"的概念是 20 世纪 80 年代后期由传媒经济学学者从跨国、跨地区的市场间或语言学层面的媒体流动平衡的微观经济学理论发展来的。从表面上看，文化折扣对于文化产品的制作人都会产生不利的影响，但传媒经济学家认为，考虑到国内市场规模，文化折扣对于较

---

① 张振鹏. 文化旅游的 IP 运营经 ［N］. 中国文化报, 2017–03–18（006）.
② 谭天. 我国文化 IP 热潮中的危险倾向 ［J］. 人民论坛, 2016（16）：9.
③ 考林·霍斯金斯, 等. 全球电视和电影——产业经济学导论 ［M］. 刘丰海, 等译. 北京：新华出版社, 2004：45.

大国内市场的制作人是有利的。虽然有一些局限，但是"文化折扣"概念的提出，为近 20 年来的实证研究提供了指导，而且相关的研究都取得了很有启发性的结果。"文化折扣"的提出是为解释美国的电影、电视等传媒行业在国际贸易中的主导地位①。

【定义描述】文化折扣是指由于文化差异导致部分在本国受消费者青睐的文化产品和服务的价值在外国市场上并不会被当地消费者理解和欣赏，导致文化产品和服务在跨文化市场中的效用降低，销售遇阻②。文化背景的差异而使传递的信息有所减少，而使其价值被"打折"时，就是文化折扣现象。

【内容概览】文化折扣对文化产品和服务的国际市场开拓具有显著的负面效应。文化折扣形成的前提，首先是文化背景的差异，这就意味着文化折扣发生于不同的地域、不同的文化区域之间。在不同文化之间的信息传递既可能使产品价值形成缺损，也可能使产品价值得以强化。

【适用范围】语言、文化背景、历史传统等都可以导致文化折扣的产生。减少文化折扣不是一朝一夕的简单之事，需要考虑各种因素，实现对外传播效果的最大化。中国电视节目的海外传播效果受很多因素影响，诸如跨文化视野、传播渠道、受众接受、语言沟通等，而语言沟通是重点所在。解说词作为思想和文化的载体，同时也是电视节目的有机组成部分，在传播方面发挥着重要作用。从节目功能的方面看，解说词是节目内容的外化，起到补充信息、升华主题、联结画面

---

① 胥琳佳，刘建华. 跨文化传播中的价值流变：文化折扣与文化增值 [J]. 中国出版，2014（4）：19.
② 卫迎春，钟晓玥. 消费成瘾、文化折扣与中国核心文化产品出口 [J]. 学习与实践，2016（6）：128.

的作用；从传播的角度看，解说词是文化内涵的载体，起到传递生活方式、价值观念、历史传统的作用①。

【案例呈现】《舌尖上的中国》是近年来优秀的电视纪录片作品，通过讲述中国老百姓的美食，传播中国传统文化，在国内广受好评。但是，它在海外的传播面对的是来自不同意识形态、不同价值取向、不同符号认同的受众，其中巨大的跨文化差异可想而知。文化产品在传播过程中难免会遭遇到"文化折扣"的现实，因此如何在对外传播中减少"文化折扣"是中国电视节目海外传播的题中应有之义②。

10. 文化贴现

【词条来源】20 世纪 80 年代，霍斯金斯等学者在《全球电视和电影——产业经济学导论》中对文化贴现（Cultural Discount）进行了进一步的解读，甚至对于文化贴现还提出了一个计算公式：文化贴现率 =（国内相应产品的价值－进口价值）/国内相应产品的价值。③ 霍斯金斯认为，电视和电影都反映了社会各方面的生活，当影视产品进行"跨边境交易"时，处于另一个社会的接受者有可能在理解产品上存在障碍，不能够完全对影视中的信息，尤其是对一些在创作者看来已"约定俗成"的内容进行解码。④

【定义描述】文化贴现原本是一个经济学概念，其本意是指在衡

---

① 朱菁. 电视新闻学［M］. 杭州：杭州大学出版社，1999：46 - 59.
② 李娜. 中国对外传播中的文化折扣现象及其对策——以《舌尖上的中国》英文解说词为例，2016，31（1）：118.
③ ［加］考林·霍斯金斯，斯图亚特·迈克法蒂耶，亚当·费恩. 全球电视与电影：产业经济学导论［M］. 刘丰海，张惠宇，译. 北京：新华出版社，2004.
④ 葛晨曦，靳佳萍. "文化贴现"下的英美电影［J］. 电影文学，2017（19）：62 - 64.

量某样娱乐产品中包含多数经济价值时应该考虑到文化版图,不同的文化背景势必会造成价值的差异。①

【内容概览】与文化贴现概念的普遍适用性相比,文化贴现率概念则基本上是一种理论上的抽象。因为对某项具体的文化产品而言,不仅其进口价值是难以计算的,而且其国内相应产品的价值也是难以估量的。借用约翰·菲斯克(John Fiske)的媒介两种经济理论,文化产品既在金融经济领域又在文化经济领域流通。在金融经济领域,资本运作是关键因素;在文化经济领域,快感和意义的生产和接受是核心环节。② 与金融经济领域不同,在文化经济领域,生产者和消费者都是受众自身。在文化产品的接受和消费环节,文化贴现虽然随时发生,但文化贴现率却难以计算。因为文化消费是一种相对灵活、分散和私密的个体行为,这决定了消费行为的随机性、偶然性、零散性和灵活性。

【适用范围】"文化贴现"概念的提出,不仅为我们研究文化产品的跨境贸易提供了概念工具,也为我们审视文化产品的传播和消费提供了理论参照。文化贴现似乎仅仅发生于文化产品的跨境贸易当中,它能够有效地反映文化产品的市场潜力和传播价值。从实际情况看,文化贴现并不直接反映在文化贸易的具体行为中,而是体现在文化产品的消费和接受环节。正是这种来自消费和接受的潜在压力影响了文化产品的贸易状况和市场前景。因此,文化贴现是文化消费和接受过程中的普遍现象,即文化贴现并非仅仅发生在跨境贸易和跨文化传播

---

① 王彬. 文化贴现与电影传播——兼谈近年我国电影市场的"黑马"现象 [J]. 廊坊师范学院学报(社会科学版), 2013(5).

② [美]约翰·费斯克. 理解大众文化 [M]. 王晓珏, 宋伟杰, 译. 北京:中央编译出版社, 2001:32-39.

之间，即使在同一国家、同一地区内部也存在着文化贴现问题。①

【案例呈现】以在英国电影史上具有里程碑意义的丹尼·博伊尔的《猜火车》（Trainspotting，1996）为例，电影中展现了无政府主义青年的各种叛逆气质，而这种叛逆气质又因为英国文化一贯的保守作风而增添了冲击力。对于中国观众来说，首先他们对欧文·威尔士的同名小说是陌生的，因此也就不能把握到电影对原著的改编程度以及这种改编的意义。②

11. 文化循环

【词条来源】"文化循环"这一概念来自霍尔。他从马克思的商品循环理论为出发点，阐述了文化产品的流通过程："表征、认同、生产、消费和规则……在一起形成一种循环，我们称其为文化循环。循环中的每个环节都与下一个环节相关并在下一环节受到重视。"③

【定义描述】一种文化产品想要流通必然要经过以上五个环节（表征、认同、生产、消费和规则），任何环节都不得被忽视。任何一部文学作品都有其特定的"文化表征"方式。

【内容概览】"文化循环"涵括以下五个方面：第一，"表征"环节阐释文化语境中意义的构建方式，揭示文化、语言与意义构建之间的关系。第二，"认同"环节关注"接受"。英国汉学家 Bonnie Medougall 指出，对英语读者的阅读取向不明确是造成中国文学外译步履

---

① 王彬. 文化贴现与电影传播——兼谈近年我国电影市场的"黑马"现象［J］. 廊坊师范学院学报（社会科学版），2013（5）.

② 葛晨曦，靳佳萍."文化贴现"下的英美电影［J］. 电影文学，2017（19）：62-64.

③ 保罗·杜盖伊，斯图尔特·霍尔. 做文化研究：索尼随身听的故事［M］. 北京：商务印书馆，1997：13.

蹒跚的主要原因。这说明中国文学译介对读者接受的关注需要加强。第三,"生产"环节提示翻译研究者关注出版方对产品的加工方式。第四,"消费"环节将关注点转向消费文化、消费动机和消费习惯,包括目标语读者对什么样的题材、体裁感兴趣。葛浩文曾指出美国读者对暴力和性的主题最感兴趣,对短篇小说尤为钟情。熟悉消费心理无疑会影响甚至决定作品的选择与传播。第五,霍尔认为"规则"在社会实践中不断规范意义生产从而又产生新的表征方式。实际上对译语文化规则、规范的关注也一直是翻译研究的重点。

【适用范围】适用于文化时间、动作以及欣赏习惯当中。

【案例呈现】葛浩文、林丽君两位翻译家身处译语文化之中,了解目标读者的需求、出版方的要求,熟悉写作规范,能够用符合译语文化的表征方式翻译作品。葛浩文按照目标读者的阅读习惯在《天堂蒜薹之歌》《手机》等作品中调整原文的叙事结构,按照出版方要求重新翻译《酒国》《生死疲劳》等作品的书名,为了方便目标读者理解作品在译作中增加"译者注"(Translators'note)。其翻译的成功也得益于林丽君对原作中文化信息的细腻把握。二者的共同努力才使得目标读者在阅读译作过程中产生既新鲜又熟悉的感觉,才能保证译作的成功。文化循环理论提醒译者在流通的各个环节关注文化表征、意义构建以及作品的阐释方式,这样才能有助于作品的流通及其承载文化的循环。[①]

12. 文化赤字

【词条来源】国务院新闻办原主任赵启正 2005 年曾言,他的使命

---

① 徐明玉. 文学翻译中的文化误读、阐释及文化循环 [J] . 沈阳师范大学学报(社会科学版),2018,42(3):129–133.

是向世界说明中国，他撰文披露了一组惊人的"文化赤字"，于是"文化赤字"得以在我国正式出现。①

【定义描述】所谓的"文化赤字"是相对于经济出口而言的，中国的经济高速发展，一直以来都是贸易顺差，目前已经达到上万亿美元。比较起来，"文化赤字"应当指的是外国人不买中国的文化产品，中国的文化产品在世界市场上缺乏竞争力。②

【内容概览】一个现代国家的文化应是整合而兼容，既保有自己的文化特性，又能平等地参与探寻国际文化新市场、文化新技术和文化新理念，这里与特性同等重要的词汇是"平等"，③ 当这种平等出现不均衡时，文化赤字就出现了。

【适用范围】文化贸易逆差、文化版权、文化软实力、文化经济。

【案例呈现】例如，在演出方面，近年，仅俄罗斯就有 285 个文艺团体到中国演出，同期中国到俄罗斯演出的文艺团体只有 30 个，相差 10 倍。在电影方面，《泰坦尼克号》《指环王》《阿凡达》《复仇者联盟》等美国大片都在中国获得了很大的效益，可是中国电影在国外，特别是在美国，却很难得到有效的传播。近五年，中国进口影片 4332 部，而出口影片却屈指可数。美国电影的生产量只占全世界的 5% 至 6%，却占全世界放映总时间的 80%。目前美国高中学生有大约 2.4 万人学中文，但学习法语的美国高中学生有 100 多万。美国 3000 多所大学，只有近 800 所开设了汉语课程。在一门语言热与冷的背后

---

① 罗建华."传播逆差"背后：话语权的丧失与维护——关于"文化赤字"问题的阅读札记［J］.新闻记者，2006 – 07 – 05：78.

② 刘锋杰.为什么会有"文化赤字"［J］.粤海风，2010（2）：74.

③ 罗建华."传播逆差"背后：话语权的丧失与维护——关于"文化赤字"问题的阅读札记［J］.新闻记者，2006 – 07 – 05：78.

是地区之间经济实力与政治影响力的竞争。教育部官员杨光指出，在经济全球化的大背景下，世界各国的语言文化面临着竞争的态势，英语和英语所承载的文化是强势的，随着英语的传播和使用，英语文化的价值观念向全世界扩展。汉语言的空间及其地位和作用在全球化条件下目前仍处于弱势。在母语无法得到社会完全认可的情况下，文化二字从何谈起？中国对西方的"文化赤字"表现在出版业中最为突出。多年来我国图书进口和输出贸易大约是 10：1 的逆差，我们引进了十本书，只输出了一本。面对国际市场，中国书业还缺乏足够的内在动力和竞争力。数据显示，我国版权输出速度远远落后于输入速度，截至 2018 年，平均比例仅为 1：10。在这一数据背后，还有更发人深省的内容——版权输出中，70% 以上品种面向港台、东南亚华人市场，而引进书籍则大部分来自欧美国家；版权输出的内容主要集中在中医、武术和古典文学等中国传统文化方面，引进品种则覆盖了科学技术、经济管理和文学等多个领域；版权贸易费用同样存在严重不对称，引进版权费用往往高出输出费用数倍。[①]

13. 文化产权

【词条来源】文化产权是产权理论研究的新内容，国外早期研究认为文化产权就是原住民群体拥有的以传统知识或以民俗形式存在的文化资产（Sebastian Lechner，2008）。后期的相关文献开始将研究重点转向交易定价的模式，如 Yair Tauman、Ming – Hung Weng（2012）的研究发现，通过将专利产权转让给现任公司，现任公司有更高的创新激励，说明文化产权交易有助于效率的提高。国内对文化产权交易

---

① 林华. 苦涩的"文化赤字"[J]. 上海经济，2007（8）：31.

市场早期的研究也主要集中于对交易概念的界定。如有学者将文化产权交易界定为实现资本与文化双向结合、互惠互利的交易活动，产权所有者通过出让特定文化产品或要素而获得转让收入（皇甫晓涛、赖章德，2011）。①

【定义描述】文化产权是一系列文化财产权益的集合，包含文化和产权双重含义。文化从广义讲，是指精神元素和社会文明的总和。

【内容概览】文化产权作为各类文化成果权以及基于文化成果形成的各类企业产权和投资性权益，包括了文化物权、文化债权、文化股权、知识产权和组合产权，是一系列文化财产权益的集合。对文化产权进行交易，就是文化产权人将其拥有的财产权益进行全部或者部分有偿让渡的一种经济活动。②

【适用范围】文化产权适合文化产权交易，包括交易客体、交易主体和交易平台三方面，以此满足文化产权交易的基本需求。

【案例呈现】在研究了我国文化产权交易市场发展后我们认为文化产权交易市场的设立主要体现在信息聚集功能、价格发现功能、资本配置功能、中介服务功能和制度规范功能上面。目前我国已经在上海、深圳等地设立了综合性文化产权交易所和各类产权交易平台，但整体而言该市场仍处于起步阶段，因监管不到位使整个产权市场权责不明，因此有学者对文化产权的监管问题进行了研究。③

---

① 皇甫晓涛，赖章德. 关于文化产权交易的理论思考［J］. 中国美术，2016（6）.
② 赵蓉. 文化产权交易规范研究——兼论国务院文件的禁止性规定和合规设计［J］. 社会科学家，2018（8）：114－118.
③ 周正兵. 我国文化产权交易市场发展问题研究［J］. 中国出版，2011（9）：25－28.

14. 文化消费

【词条来源】 被视为消费者行为学奠基之作的美国社会学家凡勃伦的《有闲阶级论》，将消费者定义为"有闲资产""有闲生活""有闲需求"的人群。文化消费在我国出现在 2016 年，原文化部联合财政部印发了《关于开展引导城乡居民扩大文化消费试点工作的通知》，其后原文化部又分两批确定了 45 个城市为国家文化消费试点城市，旨在鼓励和引导各地发掘优势资源，创新试点模式，采取发放文化惠民卡、举办文化惠民消费季等方式搭建公共文化服务和文化消费平台。[1]

【定义描述】 文化消费是人们为了满足自己的精神文化生活而采取不同的方式消费文化资源的行为，这种文化资源包括文化产品和文化服务。[2]

【内容概览】 文化消费不仅可以满足个体的精神需求，塑造和提升个体，而且对个体的人力资本和社会资本累积都具有重要的作用，因而成为个体实现社会阶层提升的一条优质途径。[3] 根据文化消费理论，文化消费的特性在于它需要个体具备对文化产品和服务的"解码能力"才能完成，这种"解码能力"主要是由个体的文化资本累积决定的。[4]

【适用范围】 文化消费的内容和形式多种多样，适用于演艺、动

---

[1] 吴静寅. 文化消费的影响因素及其促进机制 [J]. 山东社会科学, 2019 (06)：94-99.

[2] 徐淳厚. 关于文化消费的几个问题 [J]. 北京商学院学报, 1997 (4)：45-48.

[3] 洪涛, 毛中根. 文化消费的结构性与层次性：一个提升路径 [J]. 改革, 2016 (1)：105-112.

[4] 阎占定, 向夏莹. 城市化过程中失地农民生活方式变化特点分析——以武汉市为例 [J]. 中南民族大学学报（人文社会科学版）, 2009 (6)：81-84.

漫、娱乐、文化旅游、文化会展、艺术品与工艺美术、创意设计、数字文化服务、电影电视、图书报刊、教育培训及体育等众多领域。

【案例呈现】2018年前三季度，我国居民人均消费支出14281元，比上年同期名义增长8.5%，其中人均教育文化娱乐消费支出1556元，增长5.8%，低于平均增长率，增速最快的是医疗保健消费、居住消费、生活用品及服务消费，分别增长17.4%、12.2%、9.4%；人均教育文化娱乐消费占全国居民人均消费支出的比重为10.9%，占比最高的是食品烟酒消费、居住消费、交通通信消费，分别为28.5%、22.9%、13.5%。① 根据发达国家经验，文化消费通常要占到居民整体消费的30%，而目前我国文化消费规模仅为发达国家的1/3左右，衣食住行用依然占据居民消费支出大头。可见，我国在促进文化消费方面的种种举措，并没有完全将居民文化消费潜力转化为有效的文化消费实际发生。2018年我国电影总票房达到609.76亿元，同比增长9.06%，跻身世界第二大电影市场。据《北京商报》的不完全统计，2018年国内上映的477部电影中，有178部电影票房未过百万元，占全年上映电影近四成；2018年上半年国产电影票房收入前50名的电影有12部盈利、6部持平、32部亏损，盈利的电影无不是拥有良好口碑效应的产品。文化产品之间存在质量差别，质量差别的直接体现就是消费满意度，这使得文化产品的收益有天壤之别。文化产品供给质量影响消费满意度，进而决定着消费者的行为取向。②

---

① 2018年前三季度居民收入和消费支出情况 [EB/OL]. 国家统计局网站，2018 - 10 - 19.
② 刘藩. 电影产业经济学 [M]. 北京：文化艺术出版社，2010：17 - 18.

15. 文化资产

【词条来源】文化资产由谁提出，无从考究。但资产即资财、产业，在很多古书中均有记载，如《后汉书·崔骃传》："葬讫，资产竭尽，因穷困，以酤酿贩鬻为业。"唐封演《封氏闻见记·除蠹》："因自诣郡，具言'陈氏豪暴日久，谨已除之，计其资产，足充当县一年税租'。"叶圣陶《倪焕之》十一："富有资产，生活不成问题的，是一种人。"

【定义描述】文化资产本身属于无形资产，不具有实物形态，文化资产的特点就是创意，即需要其产品的创新性，创意来源于文化资源，是从文化资源里形成的创新的知识过程，只有不断进行推陈出新的创意性文化资产才能够源源不断地产生价值，同时将文化资源转变成消费者感知且能够进行规模化生产的文化产品。[①]

【内容概览】可以通过对顾客消费文化产品的过程进行分析，及时感知客户体验以及市场需求情况，从而进行一系列的文化资产价值增值活动，为文化资产带来新的创作灵感，进而形成产品设计生产和商业推广和文化传播的一个良性循环，消费者再次通过购买文化资产来实现价值。[②] 文化资产与其他资产的不同之处在于，文化资产所提供的文化产品具有意识形态，需要满足的是顾客精神方面的需求，具有比较强的主观能动性，而且有时面对的消费群体也有较强的针对性。除此之外，文化产品属于非必须消费品，消费者可以根据自己的

---

① 苏文蓉. 大数据在文化资产评估中的应用［J］. 合作经济与科技，2018（14）：144 –145.

② 刘云波，李挺伟. 探索大数据在文化产业版权资产价值评估中的应用［J］. 中国资产评估，2015（4）.

需要通过不同途径来满足自身的精神需求，所以实现文化资产价值的关键，就是要特别关注消费者的消费信息。

　　【适用范围】因为文化资产中的文化产品是看不见、摸不着的，其具有虚拟的特点和非物质性的特征，所以使得文化产品的选择对于消费者来说是不同于其他的普通商品的。消费者对于普通商品能够在购买前通过实地触摸、试用产品来决定是否购买，而对于文化产品则只能通过宣传推广来了解，这也是文化资产价值增值的一个重要环节。

　　【案例呈现】比如，影视文化企业首先创造并生产出符合社会价值观的文化资产，进行推广与传播，对观众的观后评论进行深度挖掘，从中发现观众比较欢迎的影视衍生品，再通过数据统计分析的方式，可以较为精准地进行二次产品开发。通过这种形式，文化资产就可以从"一次产品生产"开发到"二次"甚至"三次"产品生产经营，这样就很大程度上提升了文化资产价值。① 此外，在影视行业也是如此，如《纸牌屋》的成功，通过对不同种类的设计模块和要素的消费者行为进行数据分析，明确不同的设计因素之间的相关关系，从而获得影视的最佳桥段、情节等搭配方式，生产出合乎消费者和市场需求的文化资产。

16. 文化盈利

　　【词条来源】盈利模式（Profit Model）是管理学的重要研究对象之一。盈利模式是指按照利益相关者划分的企业的收入结构、成本结构以及相应的目标利润。文化企业盈利模式是众多盈利模式中的一种。

　　【定义描述】文化盈利即文化企业盈利模式的简称，文化传媒企

---

　　① 李春满. 论文化资产的价值属性［J］. 中国资产评估，2015（3）.

业可以通过专项市场调查来间接掌握市场信息，也可以直接深入市场考察消费者的不同需求。随着新媒体技术的发展，传媒产品的需求已呈现出由单一到多元，由大众到小众细分的趋势。因此，文化传媒企业需要细分市场，圈定核心目标消费群，研究客户群的消费习惯、消费规律、审美情趣、生活喜好、话语体系等。可以说，当前文化传媒产业是通过一个系统，而不是单一方式盈利的。① 比如微信的成功就在于其同时满足了使用者与他人保持交流、沟通的需求，信息获取、储存、收藏和传递的需求，自我展示的需求，以及公司的营销、宣传需求等。

【内容概览】文化传媒企业可以采用广告、利润乘数盈利模式和品牌乘数盈利模式，利用品牌的强大影响力，采用不同的形式不断地在某一文化产品中重复获取利润。利润乘数盈利模式是指企业从某一产品、产品形象、商标或服务，重复获取利润的模式；品牌乘数盈利模式则是指通过增加公众对自己产品的认同、信任和信誉，开发出各种衍生品，延长产业价值链，从而获得更为广阔的盈利空间的模式。② 因此，致力于打造知名的文化传媒品牌，提升品牌的影响力已成为文化传媒企业的主要经营策略，也是利润乘数盈利模式、品牌乘数盈利模式实现的关键。此外，新盈利模式的创新要更加注重其成长性和持续的盈利能力。互联网世界从不缺少盈利的办法，这些盈利的办法很可能会演变出新的盈利模式。③

① 匡文波，张蕊. 传统媒体转型中的盈利模式［J］. 青年记者，2014（8下）.
② 侯燕. 文化传媒产业盈利模式的选择与构建［J］. 新闻爱好者，2017（4）：94-96.
③ 罗永雄. 新媒体盈利模式和盈利能力之辩［J］. 当代传播，2016（2）.

业态细分	主要盈利模式
移动互联网门户网站	交叉补贴、内容付费、前向/后向收费、平台分成、广告模式等
网络视频	广告、版权发行分销收入
手机视频	流量费、服务费、广告
IPTV	PPV 模式和节目打包模式
移动电视	广告增值等
在线音乐	单曲下载付费
无线音乐	彩铃等移动音乐增值服务、直销模式、终端设备预置、电子航拍广告分成等
网络文学	付费阅读、广告、电子商务链接、线下出版、游戏脚本开发等
网络杂志	广告、发行收入等
博客	广告收入、用户数据库、对企业用户收费、运营商分成、增值服务等
手机报	对彩信用户收取包月费、对 WAP 网站浏览用户采取按时间计费、吸引用户获取广告收入
网络游戏	点卡充值、朋卡销售、增值服务（免费游戏＋虚拟物品买卖）、会员费用、网络广告等
手机游戏	付费下载、终端设备预置、广告植入

【适用范围】　文化传统企业、文化新兴企业。

【案例呈现】　比如，美国和日本的动漫在内容的创作上思维非常活跃，题材也很广泛。而凭借有较大影响力的动漫内容，依靠衍生品盈利的模式才有可能获取更大的利润。另外，创意内容能否为消费者所接受是内容为王的关键，也就是说，创意内容的评判者是消费者，因此强调内容需要建立在考察、分析甚至激发消费者需求的基础之上。比如有些大制作的电影，其内容无法引起消费者的共鸣，并没有获得较好的票房成绩，而有些制作成本很小的电影，却由于作品内容更符合消费者的需求反而叫座又叫好。新媒体领域中还存在采用渠道制胜盈利模式的文化企业，比如腾讯、百度、阿里巴巴等。这类文化企业提供的是发布信息以及交流、分享和互动的平台，其中腾讯为人们提供即时通信平台，百度作为搜索引擎，为人们获取信息提供帮助，而阿里巴巴则为人们提供商品和交易的相关信息等。① 除了文化企业，还有文化产业园区的盈利模式：（1）房屋或场地租赁费；（2）物业服务费用；（3）带动周边房地产价格。这些房地产导向的盈利模式，有着简单、稳定的特点，可以保障文化创意产业园内较好的现金流，风险较小，收入预期也比较确定。同时，如果选择地价较低的区位，往往人口密度较低，则会造成文创园带动文化需求的作用不大，也会令入驻机构的客户服务需求不足。② 在第二种投资运营导向下的文创园，往往参股入驻机构，取得股东权利，具体盈利模式有如下两种：（1）股权升值收益。（2）运营服务费。③

17. 文化效益

【词条来源】经济效益（Economic Performance）是通过商品和劳动的对外交换所取得的社会劳动节约，即以尽量少的劳动耗费取得尽量多的经营成果，或者以同等的劳动耗费取得更多的经营成果。文化效益是从文化上获得社会效益和经济效益。

【定义描述】文化效益是在物质文化、行为（制度）文化的基础

① 陈建群. 内容为王，还是渠道为王？——新媒体环境下的传媒产业新格局 [J]. 新闻知识，2015（7）.
② 倪宁，王芳菲. 试论文化创意产业的概念及运营模式——基于世界成功文化创意产业园区运营经验的考察 [J]. 南京理工大学学报，2013，26（4）：8-14.
③ 么芳然. 文化创意产业园的创新盈利模式 [J]. 企业改革与管理，2017（3）：129-132，143.

上形成的意识形态影响力。它主要包括人们在长期的文化历史发展中积淀而成的文化心理、历史传统、民族文化性格等，一般被看成是属于社会无意识的深层的东西，以及社会有意识地宣传和倡导的思想理论、文化理想和文学、艺术、宗教、道德等。它是整个精神文化的核心，是相应的文化价值观或文化价值系统。①

【内容概览】文化效益之间不是连贯的、和谐的，相反，它们之间长期存在着矛盾和冲突。这里有4种情形：（1）坚持文化效益可能无视其他效益。如对市侩主义的拒绝，对流行价值观的批判以及与政治权力之间的紧张关系。（2）独尊政治效益可能无视其他效益。文化为政治服务，其极端或者是"算政治账不算经济账"，或者是不顾社会效益（权力制定标准），或者蔑视文化效益（把文化仅仅等同于意识形态和宣传，与传统观念彻底决裂等）。（3）追求经济效益可能导致唯利是图，从而突破政治制约、社会规范、文化特性和环境限制。（4）注重社会效益可能对抗政治控制、轻视经济效益、压迫个性创造。文化效益的分歧自古而然，但于今为烈。②

【适用范围】文化产品、文化园区、文化项目的评估、文化产业指数的发布。

【案例呈现】（1）在四川绵竹，经过创意发挥的年画不但被开发成产业，还被家家户户绘制在外墙上，既弘扬了优秀传统文化，又将社会主义核心价值观普及到乡村基层。成都321文创产业园区丙火艺术中心里，藏族非遗传承人扎西尼玛正在排练着一场惠民演

① 贾宜. 自然保护的文化效益［J］. 甘肃高师学报，2012，17（4）：12.
② 单世联，卢子葳. 文化效益冲突的意义及效果——兼论文化价值与文化效益的关系［J］. 上海财经大学学报，2017，19（4）：4－14.

出，他的藏语山歌经典而又古老，歌声中洋溢着满满的正能量。江油是李白的故乡，正在被打造为旅游休闲小镇，李白文化创意产业园以李白诗歌为载体，演绎了一个文明而优雅的古典中国。（2）厦门的翼下之风科技有限公司，是不久前颇受年轻人追捧的动漫《那年那兔那些事》的制作公司，《那年那兔那些事》在网上热播后，其动画形象被制作成各种衍生产品销售，收获了良好的经济效益。作为爱国题材动漫，该片讲述了近现代爱国奋斗的精彩故事，"带领年轻人回到那个风云激荡的年代，重温了先辈们的热血与信仰"，又收到了良好的文化效益。

18. 文化价值

【词条来源】英国学者迈克·费瑟斯通别有新解：这与其说是文化的"去中心化"（Decentring of Culture），不如说是文化被"再中心化"（Recentred）——长期处于社会科学领域边缘的文化，如今已经被移置中心。① "文化价值"（Value，i. e Cultural Values）是文化的基本属性和内涵，也是文化的中心，它在文化、经济、政治、社会、生态等方面产生各种"效应"或"影响"，即为文化效益、经济效益、政治效益、社会效益、生态效益等。

【定义描述】文化包含三种价值：首先是政治、伦理价值，然后是文化自身的价值，最后是经济价值，而此三种价值又都是在社会生活过程中实现的，所以文化还具有社会价值。文化史的演变也许可以理解为文化不同价值的持续展开。在全球都在提倡并建设生态文明的

---

① ［英］迈克·费瑟斯通. 消解文化——全球化、后现代主义与认同（1995 年）［M］. 杨渝东，译. 北京：北京大学出版社，2009：3 - 4.

当代，我们还应当加上文化的生态价值。

【内容概览】（1）应当说，迄今为止的文化论述主要还是围绕文化价值、政治价值、经济价值、社会价值展开的。它们都属于广义的"文化价值"——政治价值、经济价值也是指"文化"的价值之一，因此这里单列出来的"文化价值"是指文化所具有的相对于政治等价值的狭义的价值。同理，文化是社会现象，四种价值都是"社会价值"，因而单列出来的"社会价值"是指相对于经济、政治等价值的狭义的、偏重于群体整合和道德规范方面的价值。（2）文化价值既然是指客观事物所具有的能够满足一定文化需要的特殊性质，或者能够反映一定文化形态的属性，那么文化价值也应该是一种关系，它主要包含两个方面的规定性：一方面存在着能够满足一种文化需要的客体，另一方面存在着某种具有文化需要的主体，当一定的主体发现了能够满足自己文化需要的对象，并通过某种方式占有这种对象时，就出现了文化价值关系。①

【适用范围】文化产品、文化内容服务效果评价、文化附加值。

【案例呈现】作为人类文化遗产，良渚古城遗址申遗成功，让我们提起"五千年中华文明"更有底气，也让我们将目光更多地关注在文化遗产的保护与开发，更多地关注在文化的发展与价值。在这样一个万物互联的网络时代，人与社会、人与人之间的距离从来没有如此近，世界各国的距离也从未这么近，各种文化形态的交流学习与互鉴更为频繁，文化的作用与意义也更为明显。文化，即文而化之，文化遗存作为文化的外在表征，是我们进行文化教育最好的参考。这种潜移默化的文化之"教"，或将伴随诸如深度文化游、遗址游以及研学

---

① 李巍，任晨. 文化产业的功能价值分析［J］. 大众文艺，2010（14）：6.

游等相关旅游业的蓬勃发展，更加广为人知。这也为各类文化遗产带来保护与开发的价值。我国是世界文化遗产大国，因此，如何更好地保护与开发文化遗产、如何让各种文化遗产"活"起来、如何让世界文化遗产得到传播与发扬，这些问题非常值得探讨。①

19. 文化政治

【词条来源】皮埃尔·布尔迪厄所说的"区分"：文化区分所体现的就是权力关系，文化权力就是把现实的社会安排加以合法化的能力。在这个意义上，文化就是政治，于是就有了"文化政治"词条的出现。

【定义描述】"文化政治"不是指文化可能具有政治功能，而是指文化本身就是一种至关重要的权力和斗争的场域，它既可以巩固社会的控制，也可以使人们抵制与抗争这种政治。当代文化重在再现、提炼不同的国家、阶级、种族、性别、代与代之间的对立和冲突，它不再是普遍的观念性存在，而是物质实践、政治斗争的一个领域。②

【内容概览】文化政治，是指以文化形式、话语及教化过程塑造共同体成员的共同价值观及身份认同。③ 这种"文化政治"，一方面表明人类正逐步告别暴力政治和强权政治，走向相对温和的文化政治；另一方面也表明当代政治需要新的政治主体、新的反抗理由和

---

① 何翠云．文化遗产"活"起来才有价值［N］．中华工商时报，2019 - 07 - 09（03）．

② 单世联．文化大转型：批判与解释——西方文化产业理论研究［M］．北京：中国社会科学出版社，2016．

③ 田飞龙．社会主义学院的文化政治新使命［N］．中华工商时报，2019 - 07 - 18（004）．

新的行动策略，它不但拓展了新的政治空间，也更新了我们对文化政治效益的认识和使用。无论文化多么深地卷入了资本主义的政治、经济秩序，但文化产品、文化活动、文化消费都还有其他生产所不具备的美感、愉悦和智慧的一面，仅仅用政治不能充分解释文化。所以尽管文化可以用于政治，文化与国家的概念可以重叠，但文化也可以与政治无关，文化也可以超越国家。一种真正具有吸引力的文化，更应当在理论上重视文化的普遍内涵，在实践中致力于文化交流和文化融合。如果我们坚持文化政治，那也应当是一种和谐政治、大同政治。

【适用范围】近代以来，文化一般被认为是社会生活中的一个特殊领域，文化的政治功能很大程度被理解为对资本主义经济技术系统与道德法律系统进行抗议或支撑支持。无论是批判还是支持，文化艺术都把自己定位于资本主义体系的外部。但在当代社会中，文化的政治性已经被移植到文化内部。这并不是说趣味、品味等是社会条件的产物（这是实证主义批评采用的方法），而是说，美学价值体系以一种复杂的方式参与了文化权力的提升。

【案例呈现】（1）英国左翼理论家特里·伊格尔顿认为，我们面临的首要问题，如战争、饥饿、贫穷、疾病、债务、吸毒、环境污染、人的异化等，都不是什么"文化问题"，而是人类早就一直面对的物质问题、政治问题。① （2）"五四思想革命"的文化和政治分离的根源，实际是对共和危机反思的结果，民国初期的政争乱象和复辟割据

---

① ［英］特里·伊格尔顿．理论之后（2003年）［M］．商正，译．北京：商务印书馆，2009.

丛生，使很多人意识到"盖伦理问题不解决，则政治学术，皆枝叶问题"①。

20. 文化支柱产业

【词条来源】美国经济学家华尔特·惠特曼·罗斯托提出主导产业的观点，指出应选择扩散效应最大的产业或产业群作为一国的主导产业，重点扶持，加速发展，从而带动其他产业发展和社会进步。2009年7月22日，我国第一部文化产业专项规划——《文化产业振兴规划》由国务院常务会议审议通过。这是继钢铁、汽车、纺织等十大产业振兴规划后出台的又一个重要的产业振兴规划，标志着文化产业已经上升为国家的战略性产业。

【定义描述】是指文化产业在国民经济中生产发展速度较快，对整个经济起引导和推动作用的先导性产业。文化支柱产业具有较强的连锁效应，对所处地区的经济结构和产业升级转型，有深刻而广泛的影响。②

【内容概览】国家计委政策研究室在《中国支柱产业振兴方略》一书中提出了考察我国目前支柱产业的量化指标，即产业增加值在GNP中的比重达到5%左右，产值占总产值8%左右的为支柱产业。

【适用范围】文化产业的规划目标，文化产业的推进实施方案。

【案例呈现】例如，山西大力推进"旅游＋文化、工业、农业、体育"等，逐步发展生态游、商务游、休闲游、会展游、体育游等新业态。国家5A级旅游景区创建工作有新进展，洪洞大槐树景区通过

---

① 陈独秀. 宪法与孔教 [J]. 新青年，1916，2（3）.
② 苏东水. 产业经济学 [M]. 北京：高等教育出版社，2010：95.

了景观质量评审，芦芽山景区已进入景观质量评审序列。大同方特城、盂县大寀温泉、吕梁孝义梦幻海水上乐园、祁县千朝农谷、晋中百草坡公园房车自驾车营地、灵石崇宁堡温泉度假酒店等一批休闲度假产品向游客开放。①《又见平遥》《又见五台山》《太行山》和临汾云丘山、吕梁孝义三皇庙、晋城皇城相府等大型旅游综合、红色、民俗演艺节目丰富了旅游内容，将文化产业打造成山西省的战略性支柱产业。

21. 文化专项资金

【词条来源】我国文化产业发展专项资金设立于 2008 年，专项用于扶持我国文化产业的发展，推动产业经济的结构化转型。随着国家财政改革的力度不断加大，文化产业发展专项资金也在不断地增加，因此，文化专项资金的支出情况和资金的使用效益备受大众关注，财政部以及地方财政部门也都出台了相关的专项资金管理办法，其中绩效评价被作为专项资金管理中重要的环节。② 2011 年，财政部出台了《财政支出绩效评价管理暂行办法》，进一步要求各级政府部门使用专项资金时要注重绩效评价。

【定义描述】文化专项资金是公共财政扶持文化事业发展的推手，也是关乎民生的重点工程。

【内容概览】文化产业发展专项资金作为政府扶持文化产业发展的财政政策，实质是通过对文化产业的扶持来促进整个文化事业的发展，为社会提供公共产品和准公共产品。因此，其社会效益是首位。③

---

① 盛佃清.以文化旅游助推转型综改　加快把文旅产业培育成战略性支柱产业［J］.前进，2017（10）：30.

② 冯晓霞.文化专项资金管理浅谈［J］.新会计，2019（3）：48.

③ 张晓宁.事业单位专项资金绩效评价研究［J］.国际商务财会，2018（7）.

【适用范围】公共文化项目投入、文化产业项目孵化、文化企业支持。

【案例呈现】（1）我国文化产业发展专项资金于2008年设立，专项用于扶持我国文化产业的发展，推动产业经济的结构化转型。截至2016年，我国文化产业发展专项资金累积已下达242亿元，支持项目多达4100多个。① （2）以美国为例，美国文化产业专项资金主要通过拨付给美国国家艺术基金会（the National Endowment for the Arts）、国家人文基金会（National Endowment for the Humanitie）和史密森尼学会（Smithsonian Institution）等6家艺术和文化机构，用来资助并扶持文化艺术业的发展。截至2015年9月，仅美国国家艺术基金会一家自1965年成立以来对文化产业就拨付了累计超过50亿美元的资助资金用以促进美国艺术文化的发展。②

22. 文化样态

【词条来源】海德格尔在《世界图像时代》中指出"从本质上看来，世界图像……指世界被把握为图像了"③。与其说世界是图像化的世界，毋宁说，根本上世界就是符号化了的世界。符号应人的需要而产生，教育则是通过符号的交换满足人们相互理解、达成共识的需要的过程。

【定义描述】文化样态主要指"文化存在的具体'模样'和'状

---

① 财政部办公厅. 关于申报2016年度文化产业发展专项资金的通知［EB/OL］. 中国政府网，2016－05－03.
② 郑莼. 美国国家艺术基金会报告：文化艺术的引擎作用被低估［N］. 中国文化报，2015－01－19.
③ ［德］海德格尔. 海德格尔选集［M］. 孙周兴，译. 上海：上海三联书店，1996：79.

态'"，即人们可以通过直观就能感觉到的文化的具体存在方式。①

【内容概览】文化样态是文化测量得以实现的基础性条件。文化样态的具体呈现方式也被称为文化的符号化。

【适用范围】文化产品的分类。

【案例呈现】广西是多民族聚居区，居住着壮、苗、瑶、侗等多个少数民族，各族人民间相互交往和影响创造了广西灿烂多彩的民族文化样态，各民族的原生态民间艺术也成为一种大众的民俗文化，如铜鼓舞、绣球舞、壮族三月三歌节、瑶族盘王节、铜鼓、花山岩壁画、刺绣、织锦、蜡染等，使得广西充满少数民族风情。坭兴陶产于广西，备受壮族等少数民族民俗文化的影响，民族特色浓郁。同时，坭兴陶艺术出自北部湾核心地带钦州，它根植于广西沿海民间，自然受到海洋民俗文化的润泽。基于实用需要的钦州坭兴陶因造物需求而产生，此种造物活动从实用需求开始。从器物与人类活动的关系看，人们的生活需求和变化决定着坭兴陶器物的发展和演变。② 各种器物造型的不同，反映出的是人们生活方式的差异。如：钦州属于江南茶区，茶资源丰富，这为坭兴陶茶具的生产和扩大坭兴陶陶器的消费需求创造了基本条件。当饮茶成为一种生活习惯的时候，坭兴陶茶器便应运而生了。再如：坭兴陶最初烧制的物品是烟嘴，这根源于两广民间兴起的抽烟习俗，它是广西沿海乡土民俗的物化体现。当代坭兴陶作品《铜鼓工夫茶具》《桂林象山水月茶具》《壮包壶》《陶角》《高鼓花樽》等都是基于浓郁的广西地域民俗创作而成的。日常生活中，坭兴

---

① 陈少雷．文化价值观的哲学省思［M］．北京：社会科学文献出版社，2015：59.
② 黄文捷，傅蓉蓉．基于非物质文化遗产传承的当代设计探索——以景泰蓝制作技艺为例［J］．设计，2015（5）.

陶器物联系着制陶艺人的生活和使用者的生活，它是日常的或是基于日常的。器物的产生以人的使用为前提，同时又要表达人的审美诉求，这表明，人类生活和坭兴陶器物之间的关系是互动的。①

23. 文化众筹

【词条来源】舍伍德·奈斯（Sherwood Neiss）认为，众筹可以解决资金短缺瓶颈，但同时提出预期筹资金额要注重预测如何使用资金，掌控营业开支，研究费用，市场营销和广告费用，律师费和簿记、会计、审计费用，要遵从成本，预算参与众筹投资费用，同时还要估计经费的维持时间。文化产业项目规模宏大，需要足够资金支持，于是提出文化众筹的想法，帮助文化企业解决资金短缺问题。

【定义描述】众筹指个人、团体、企业或非营利组织通过互联网向公众展示项目的创意或特色以吸引公众的关注与支持，以获得项目启动所需的资金。众筹主要是通过展示创意来吸引公众的支持，这与文化创意产品的创意本质不谋而合。众筹不但能帮助文化产品创意者筹集到资金，还能提供早期市场需求的预测，整合来自大众支持者的不同资源以帮助创意者进一步完善产品。② 随着市场上文化类众筹平台的火热发展，众筹融资模式将会是文化创意产业融资的重要方式。但目前国内关于文化创意产业众筹融资模式方面的研究较少，主要有：从企业、融资平台和政府三方面提出了众筹融资支持小微文化创

---

① 周作好，李帅．非遗保护视角下钦州坭兴陶艺术的文化样态［J］．设计，2017（11）：82－83.

② 陈肖华，李海峰．文化创意产业众筹成功融资影响因素研究——基于 SOR 模型［J］．财会通讯，2019（2）：29－32.

意企业发展的思路;①指出文化创意产业利用众筹模式融资的优势及众筹融资存在的一定风险;② 论述了创意文化产业众筹融资模式发展的现状,并探讨了众筹模式对创意文化产业发展的影响和制约因素等。③

【内容概览】目前的众筹模式一般有债权众筹、股权众筹、奖励众筹和公益众筹,其中奖励众筹与股权众筹是文化创意产业的主要众筹融资模式。奖励众筹也称"产品众筹""回报众筹"等,指支持者出资支持项目以获得产品实物或服务的回报。股权众筹指支持者对项目出资获得项目发起方一定比例的股权以获取未来的收益。

【适用范围】文化众筹包括出版、音乐、表演艺术、电影、电视广播、软件、网络、广告、建筑、设计、艺术品、手工艺品以及时装设计在内的 13 种子行业。作为当前经济中最具活力的产业之一,文化创意产业对资金的需求非常旺盛。由于我国大部分文化创意企业为轻资产公司,难以获得银行贷款,而其自身的高风险和收益的不确定性又造成传统金融机构甚至风险投资机构也不愿轻易介入。④ 因此,融资困难是长久以来制约文化创意产业发展的主要原因,而基于互联网科技的金融创新和众筹为文化创意产业的发展带来了新曙光。

【案例呈现】众筹是加快区域文化产业发展方式转型、解决文化企业融资困境的重要手段。而众筹融资系统生态化是这一新经济模式

---

① 王阿娜. 众筹融资支持小微文化创意企业发展的思路探讨 [J]. 南华大学学报（社会科学版）, 2014（5）.

② 王洁. 基于众筹视角的文化创意产业融资分析 [J]. 科技经济导刊, 2015（13）.

③ 齐慧姝, 鞠维光, 等. 众筹融资模式对我国创意文化产业发展的影响及推动 [J]. 艺术研究, 2016（4）.

④ 朱传奇, 周子琰. 文化创意众筹项目融资比例的影响因素研究——以"众筹网"为例 [J]. 重庆工商大学学报（社会科学版）, 2018, 35（5）: 16 – 23.

发展的重要方向。① 2011 年，众筹在我国刚起步时，关注度和影响力都不高，众筹融资金额最高不过万元，而直到 2013 年《快乐男声》主体电影众筹项目出现，众筹融资金额突破 500 万元，众筹才在我国具有了一定的影响力。此后一大批众筹平台纷纷上线，文化创意产业运用众筹方式融资得到了市场的认可，越来越多的投资者开始关注文化创意项目。目前，文化创意产业的众筹项目主要涵盖影视、音乐、工艺设计、书籍出版、舞台表演等种类。从众筹形式来看，虽然绝大多数的文化创意类众筹项目仍采用奖励式众筹的形式，但近些年股权类众筹也开始运用到电影发行及影视剧创作等文创类项目中。从效果来看，众筹行业的飞速发展为文化创意产业带来了多方面的积极意义。对文化创意项目的筹资者来说，传统的融资方式不外乎银行贷款、创投机构投资，往往只能解决资金问题。而现在选择众筹平台进行融资，除了资本交换以外，还具有收获市场和营销层面的意义，即通过众筹平台的曝光率来吸引更多的投资，对项目和产品而言，前期的预热、推广、曝光、资源互换，是一个性价比很高的推广渠道。

24. 文化融合

【定义描述】文化融合是指在不同民族、不同种族、不同生活习惯、不同信仰的背景下，通过互相沟通、理解、包容达到二者关系良好、稳定、和谐的发展。

【内容概览】文化既是一种静态的社会空间现象，又是一种动态

---

① 朱禧. 天津文化产业众筹融资生态模式研究 [J]. 市场周刊，2019 (6)：51 – 54.

的历史时间现象。① 因此，文化融合必须建立在自由平等相处的基础上，加强两个不同个体之间的文化交流和沟通，才能够增进二者的感情，达到互相理解和包容的目标。文化的融合主要表现在语言文字的化用、生活习俗、宗教信仰等诸多方面。

【适用范围】适用各种期待融合的个体，不局限于民族、种族、艺术、生活，是全方位、多维度的。

【案例呈现】（1）土家族舞蹈与国内外文化融合。在编排的过程中，可以将恩施土家族的民歌《龙船调》和《女儿会》等音乐进行融合，并且为其重新命名，随后将国内外的体育舞蹈与土家族的"甩筷舞"进行融合，比如说拉丁舞、踢踏舞或者爵士舞等。由于这些舞蹈都具有非常强的节奏感，并且在情感和肢体语言表达上都非常热烈，这与土家族舞蹈有很多互通之处，因此可以把"甩筷舞"作为上肢动作，在下肢动作上以踢踏舞、拉丁舞或者其他舞蹈为主，将二者进行结合，使整个舞蹈动作更具和谐美，将两种不同风格的舞蹈动作有机融合，达到独特的视觉魅力。② （2）文创产品的核心价值在于文化的深层含义，故宫淘宝的宣传口号是"把故宫带回家"，要带回家的实际上是产品背后隐喻的文化意义。"Things East Weast"概念模型将设计的关注点转移到文化的意义层面上，文物形象和意义被重新设计在适当的表达位置，摆脱了开发出的文创产品与传统文化概念意义无关的窘境。文创产品的开发深深根植在文化中，产品基于文化不断成长、不断衍化，通过文化的附加值，文创产品从平常的随处可见的日常物

---

① 教育部高等学校社会科学发展研究中心. 大学文化传承创新研究第3辑［M］. 北京：新华出版社，2015：80－82.
② 张煊梅. 基于文化融合的土家族民间舞蹈艺术传承［J］. 智库时代，2019（30）：159－160.

品中被识别出来，成为具有独特象征意义的文化创意产品。①

25. 文化共同体

【定义描述】文化共同体是指东西文化走向融汇的一种理想状态。② 文化共同体需要丰富的内涵和外延，要富有张力，这种文化共同体的内涵和外延都不同于原先相对封闭单一的城市文化概念，是一种"异质共存"与"和而不同"的关系形态。③ 文化共同体的建设，是一个国家或民族文化经久不衰的重要基础，构建民族文化共同体，将有助于实现中华民族的文化自信及文化自觉目标，推动社会主义的文化事业的进步发展。文化共同体建设包含三个方面的因素：共同的文化记忆、共同的文化生活及共同的文化精神。④

【内容概览】（1）文化共同体至少应具备以下几个特征：拥有大致相同的文化生活环境、持有共同的文化生活记忆、秉承共同的文化价值理念、拥有包容的文化心态。（2）文化共同体"是诸具独立性的个体构成一有序整体的精神纽带和文化基础"⑤。文化共同体中内含的共同社会价值观、共同理想追求，可为一个国家和民族的发展提供巨大的思想认同和精神支撑。⑥ （3）"'共同体'，是指由两个以上的个

---

① 赵丽颖．基于文化融合视域下博物馆文创产品的设计与转化［J］．西南林业大学学报（社会科学），2019，3（3）：38.
② 李淮春．马克思主义哲学全书［M］．北京：中国人民大学出版社，1996.
③ 黄仲山．当代城市移民文化变迁与文化共同体建构［J］．中华文化论坛，2015（7）：72.
④ 连水兴．从"文化共同体"到"媒介共同体"：海峡两岸传媒业合作研究的视角转换［J］．福建师范大学学报（哲学社会科学版），2013（3）.
⑤ 奚洁人．科学发展观百科辞典［M］．上海：上海辞书出版社，2007：528.
⑥ 武星星，胡春林．马克思主义与中国传统文化的融合路径探析——基于文化共同体的视角［J］．山西师大学报（社会科学版），2019，46（4）：101-106.

体构成的'既作为一个整体又不能完全丧失每一个体各自的独立性'的有序群体"，因此，强调文化共同体并不是说要实现文化的同一性，而是要实现文化的统一性，即"和而不同"。

【适用范围】适用于对文化期待有共同认知的团体。

【案例呈现】（1）2018年4月14日，海峡两岸孔子后裔清明祭祖大典举行，通过清明祭祖活动，将海峡两岸的人民紧密联系起来，并传播儒家的优秀传统文化，弘扬社会主义时代精神。此次海峡两岸孔子后裔清明祭祖大典活动，有效地凝聚了世界各地孔子后裔对于中华民族文化的认同感，提升了我国各族人民群众的凝聚力。在历史文化、民间艺术、现代文化产业等交流合作基础上，培养了海峡两岸人民群众共同的历史记忆及民族文化情感。① （2）2018年3月15日，在福建安溪举办的海峡两岸文创灯会，通过海峡两岸的文化交流合作，向社会各界展现了安溪的人文风情，推广了龙涓的旅游资源，还可通过建立健全文化产业合作"试验区"，实现两岸的文化资源共享、优势互补，组建文化产业发展的共同市场。

26. 文化产品供给

【定义描述】文化产品供给是指政府或者文化企业扩大文化产品和服务的有效供给，提供多样化、个性化、高品质的文化产品和服务，加快文化供给侧改革，改变传统的单向供给方式，提高文化供给的精准性和可选择性，创新供给方式和渠道，不断增强人民群众的文化获得感。文化和旅游部已着手深化公共文化产品供给侧改革，正在建立

---

① 李晓华. 基于文化共同体的海峡两岸文化交流研究［J］. 吉林广播电视大学学报，2019（6）：36-37.

完善的公共文化服务保障机制；建立灵活适应群众文化需求的公共文化产品供给机制。①

【内容概览】（1）公共文化产品和服务精准供给，是政府保障好、维护好人民群众基本文化权益，履行好公共文化服务职能的基本要求，也是新时代公共文化服务不断深化改革、实现高质量发展，更好地满足人民群众对美好生活追求与向往的现实需求。②（2）优化供给结构。文化事业和文化产业是公共文化供给的两大主力军。一方面要加大图书馆、文化馆（站）的公共文化产品和公共文化服务的力度，提高产品丰富度和公共服务有效度；另一方面要加大文化产业创意产品的开发力度，通过文化市场的调节、政府的政策引导，提供更多更好的文化产品。此外，还要培育多元供给主体。公共文化产品的供给主体是政府，但是政府并不是万能的，其买单式的文化产品供给，也存在着难以形成持续性、长期性、普遍性的供应机制等问题，急需建立起以社区、村级为基本单元的文化产品供给和消费的微循环模式，应充分发挥基层社会组织的作用，通过培育和政府的合理补贴，通过种文化和育文化，提高文化产品的供给效率，要让基层群众从文化的旁观者变为参与者，让他们成为文化产品的生产者和文化产品的享受者，实现文化产品的自我供给。（3）加强文化与科技的融合，利用数字化、网络化、信息化带来的"方便快捷、覆盖广泛、成本低廉"的特色，着力开拓文化产品的新型供给渠道。大力推进数字文化建设，加强全民艺术普及数字资源库、全民阅读推广数字资源库、地方特色

---

① 许晓青，孙丽萍．深化公共文化产品供给侧改革要"精准滴灌"［N］．团结报，2019－03－23（005 文化周刊）．

② 巫志南．公共文化产品和服务精准供给研究［J］．图书与情报，2019（1）：31－40．

数字资源库建设，探索以慕课、网络课堂等形式，扩大艺术培训普及面和群众参与度，积极开展公共数字文化宣传推广，提升公共数字文化服务绩效。加强文化资源的有效对接和利用，通过"场馆预约、点单服务"等文化服务平台建设，推动文化部门和相关部门的公共资源的有效整合，提高文化产品丰富度和文化产品服务效能。①

【适用范围】政府、文化企业、文化馆、博物馆、图书馆。

【案例呈现】徐州市图书馆和徐州诗歌图书馆共同打造了首家徐州24小时不打烊的城市书房，自助式借阅、免费 Wi-Fi、延时的开放时间、精致现代的阅读空间为疲惫的行人提供了一方心灵净地，也为各文化团体、读书会提供了活动场所，打响了二十四节气茶会等活动品牌。市图书馆未来愿景是在全市各社区广泛布点，让更多人走进书房，使读书活动常态化、生活化。作为试点，城市书房模式为我市公共文化设施的运营掀开了新的一页。一城有一城的记忆。老城区回龙窝历史街区的打造，在留住城市历史印迹的同时，也赋予了它新时代的活力和生机。仿古景区潘安水镇亦是深受市民喜爱的文化惠民工程，是从煤矿塌陷地崛起的一颗明珠。早春二月的这两处人文景观，红梅与古建相得益彰，游人巡游于此，流连于这里的古雅，也自豪于城市的发展。巡游其间，到手创者手工工场亲手刷制一张年画、在诗歌图书馆邂逅一场文艺沙龙，不经意中，已在实践城市建设者们"高起点抓好公共文化产品服务供给""让传统文化在活态中传承"的文化设想。②

---

① 方宪文．聚焦聚力 努力打造高质量文化供给地［N］．金华日报，2019 – 03 – 25（A11 理论版）．

② 张瑾．升级的文化供给，升腾的城市温度［N］．徐州日报，2019 – 02 – 25（002 要闻）．

27. 文化专利

【词条来源】文化专利是知识产权的别称，专利来源于拉丁语，意为公开的信件或公共文献。

【定义描述】它是关于人类在社会实践中创造的智力劳动成果的专有权利，具体包括商标权、著作权等若干子类。

【内容概览】（1）一项在传统社群中延续、传承的文化专利不应简单地视为公用知识，更不应以现有知识产权制度的标准来片面衡量①。由于传统文化本身具有特殊性，传统文化专利化与其他文化产业的专利化不应混为一谈，应当提供略有差异的知识产权保护路径。（2）关于传统文化能否纳入专利保护范围的问题，学术界一直存在争议。有些专家认为传统文化不可以纳入专利保护范围，一是传统文化已处于公知领域，不符合"新颖性"标准，不属于专利保护的专有知识。二是传统文化的本质特征是它所具有的传统性，不符合专利制度中的"创造性"标准。三是传统文化的权利主体难以确认，是一种集体权利，不具有知识产权的私权特征。四是专利制度主要是针对创新的激励机制，如果要将传统文化纳入专利制度保护的范畴，要满足制度所要求的条件，例如要有完成发明的具体日期、发明主体要有明确的身份等。就客体而言，目前众多的概念都无法准确地界定作为知识产权客体的传统文化到底包括哪些传统成果，它和不受《知识产权法》保护的文明成就的界限何在。②

---

① 李杨. 耦合与超越：传统知识保护的知识产权困境解读［J］. 大连理工大学学报（社会科学版），2009：（3）.
② 华鹰. 传统知识的法律保护模式选择及立法建议［J］. 河北法学，2008：（8）.

【适用范围】主要用于描述文化产品的特有权利。

【案例呈现】一位年过古稀的河南开封朱仙镇木板年画老艺人，将流传几百年的40多幅年画图案，装订成册并申请获得外观设计专利权后，开始寻思着向镇上的同行艺人们收取专利许可费，他的想法自然遭到了同行们的质疑和抵制。① 开封朱仙镇木版年画历史悠久，构图饱满，形象夸张，线条粗犷，是木版年画中独树一帜的文化瑰宝。自2005年朱仙镇木版年画被列为国家首批非物质文化遗产后，朱仙镇的一批老艺人开始重操旧业，把这项濒临失传的民间绝技又红红火火地操办起来。但老艺人通过申请专利并借此来收取专利使用费的事件，在朱仙镇掀起了一股不小的波澜。虽然此事目前仍没有一个最终说法，但通过非物质文化遗产老艺人专利维权事件，感受到了传统知识产权维权的喜与忧。

28. 文化风险

【词条来源】来源于霍夫斯泰德提出民族文化的四个维度中的一个。

【定义描述】文化风险隶属于国家风险这个大概念，因此风险的可控性特征同样适用于文化风险。文化风险大致可分为"发生型"和"认识型"两类：前者是因文化因素（至少在名义上）导致的各种矛盾、困难和冲突，后者是由于对当地文化背景认识不足可能导致的思想误判和行动失当。② 由于国家之间存在文化差异，文化冲突肯定存

---

① 李建伟. 文化遗产专利维权的喜与忧［N］. 中国知识产权报，2013 - 02 - 20
（008）.

② 王芳. "一带一路"建设的文化风险及其应对策略［J］. 广西社会科学，2018
（1）：195.

在。基于演化路径，文化风险的内涵是不同文化背景下的文化冲突所引起的主、客观不确定性带来的潜在损失，其根本原因在于文化差异的客观存在。

【内容概览】企业面临的外来竞争以及多元文化的冲突，该现象在某种程度上可以决定企业成败，所有的管理者都需要考虑文化差异给企业带来的影响；文化风险的主要原因在于共同体意识淡薄的跨区域、跨文化交流与合作。由于现有的合作制度框架难以调节，加上区域"共性文化"不足，国际互信体系缺乏等原因，跨文化风险随时可能发生。

【适用范围】主要用于策划报告的风险评估部分。

【案例呈现】文化风险是跨国投资、经营与贸易中面对的东道国国家风险的一种。企业在对外直接投资过程中，由于与东道国文化背景的差异以及文化交融当中存在的各种不确定因素，最终导致企业预期收益与实际收益出现背离，甚至造成跨国企业投资失败的可能性。①"一带一路"建设中就存在着文化风险，因为区域合作制度不完善，对区域合作缺乏应有的保护和必要的制约。在"一带一路"推进中，由于双边合作的法律机制不完善、不合理致使文化资源价值得不到充分发挥，难以保障沿线国家的均衡发展。我国同沿线国家签订了若干文化合作协议与条款，但具体的合作项目规定相对分散，未形成有效的文化合作调适框架，缺乏强有力的保障机制，不利于国内与国际文化的对接。现阶段的合作主要为单边的"功能性"合作，缺乏多边的

---

① 党琳静，颜黎. 文化距离与"一带一路"沿线投资项目的文化风险［J］. 渭南师范学院学报，2018，33（12）：60.

"制度性"合作,导致已达成的协议执行力不强①。当然"一带一路"建设需要各方彼此坦诚相待、相互扶持,才能走向合作共赢的美好局面。然而,当前各国之间互信体系的建立困难重重。其一,沿线一些国家对于"一带一路"建设的定位缺乏明确认知,对于"一带一路"将何去何从仍心存顾虑。其二,沿线地区一些国家的国内政治局势非常复杂,内外矛盾重叠,同时由于浓厚的宗教信仰氛围,教派冲突、宗教纷争加剧了各国在文化和信仰方面的分化,也增加了民族之间、国家之间的不信任,容易诱发风险。其三,地区的不稳定因素是"一带一路"跨文化合作的重要障碍,沿线一些国家仍未摆脱领土争端、极端主义、恐怖分子以及紧张的区域环境形势,在此环境下开展合作交流,无疑会受到诸多困扰。②

---

① 李子先,孙文娟,何伦志.推动"上合组织"区域经济一体化,夯实"丝绸之路经济带"基础 [J].开发研究,2014(1):59-62.
② 王芳."一带一路"建设的文化风险及其应对策略 [J].广西社会科学,2018(1):197.

二、空间类

29. 文化沃土

【词条来源】十七届六中全会提出了党的文化建设的思想，而当务之急，就是深入人民群众的实践中去，感受基层文化沃土之深厚，切实落实这一思想战略。

【定义描述】沃土是指一处富饶和谐的土地，在古代用来形容某个地方繁荣富强。文化沃土，在于封闭和传承千百年的民族文化遗产，把文化建设的视角投射到具有悠久历史的民族文化上，从现存的文化遗产的保护、抢救和推新出手，展示具有民族地方传统特色的节庆、歌舞、风俗、服饰、自然景观等灿烂悠久的历史文化。优秀的传统文化在历史的演变中不断地得到传承，那些合理的、优秀的成分也逐步渗透到人们生活的方方面面，被历代人们所沿用，成为中华民族最宝贵的财富。①

【内容概览】中华文化的沃土上，积淀着中华民族最深沉的精神

---

① 焦四辈. 让学生在传统文化的沃土上长出诚信的硕果［J］. 教育理论研究（第6辑），2019，3（304）.

追求，是中华民族生生不息、发展壮大的丰厚滋养。[①] 中华传统文化沃土，丰润富饶，文化历史源远流长，内涵博大精深，是中华民族在中国古代社会形成和发展起来的比较稳定的文化宝库，是中华民族智慧的结晶，它印记着中华民族的鲜明性格和民族特征，印证着中华民族的文化品质和文化精神。

【适用范围】文化旅游，文化遗产保护。

【案例呈现】1984 年 4 月，首届潍坊国际风筝会隆重召开，吸引了来自美国、日本、英国等 11 个国家和地区的团体参会，在国内外引发热烈关注。风筝会为潍坊打开了一片崭新的天空，吸纳到来自大洋彼岸的远风，推动着潍坊走向世界、世界走近潍坊，塑造了"世界风筝之都"特有的城市气质和文化印记。在风筝会带动下，鲁台经贸洽谈会、寿光菜博会、文展会、中国画节等一系列盛会相继举办，会展名城享誉全国。民俗文化走出深闺。杨家埠木版年画、潍坊核雕、红木嵌银、高密剪纸等一系列非物质文化遗产蓬勃发展、声名远扬。坊子的"坊茨小镇"品牌，青州的"古九州"品牌，安丘的"酒文化"品牌，昌乐的"蓝宝石"品牌红紫斗芳菲。2012 年，潍坊高密籍作家莫言获得诺贝尔文学奖，成为首个获得诺贝尔奖的中国籍作家。[②] 潍坊，一片底蕴深厚的文化沃土。潍坊，这片底蕴深厚的文化沃土，从此青春焕发。

30. 文化基地

【词条来源】文化部文化产业司文件。国家文化产业示范基地由

---

① 叶小文. 中国梦植根于中华文化沃土 [J]. 当代贵州，2017（10）：62.

② 谭黎明，潍坊. 一片底蕴深厚的文化沃土 [J]. 走向世界，2018（23）：18–19.

文化部于 2004 年 11 月 10 日命名，命名文件为《文化部关于命名文化产业示范基地的决定》（文产发〔2004〕43 号）。①

【定义描述】文化基地是指通过先进文化企业的示范、窗口和辐射作用，引导促进我国文化产业持续健康快速发展，不断提高文化产业的总体实力和竞争力的示范基地。

【内容概览】为积极培育市场主体，增强微观活力，通过先进文化企业的示范、窗口和辐射作用，引导促进我国文化产业持续健康快速发展，不断提高文化产业的总体实力和竞争力，文化行政部门管理的演出业、影视业、音像业、文化娱乐业、文化旅游业、网络文化业、图书报刊业、文物和艺术品业以及艺术培训业等领域的各类所有制的文化企业，都可以申报国家文化产业示范基地。②

【适用范围】可用于相关政策性文件及申报文件的描述。

【案例呈现】我国文化产业示范基地现有 300 多家，申报示范基地的文化企业应符合以下基本条件：（1）在发展文化产业方面做出显著成绩、在全国本行业中具有典型和示范意义。（2）企业发展符合社会主义精神文明建设与国家文化产业政策的要求，坚持发展先进文化，坚持社会效益和经济效益的协调和统一。（3）所生产的文化产品和提供的文化服务能够面向市场，面向群众，有一定生产规模，社会效益和经济效益显著。（4）有一支坚强有力的管理团队和行之有效的内部管理制度，具有自主创新精神和市场开拓能力，企业保持较快的发展速度。

---

① 中华人民共和国文化部. 文化关于命名文化产业示范基地的决定［EB/OL］. 可可的博客，2014 – 04 – 01. 大文化博客. 2013 – 3 – 6［引用日期 2013 – 03 – 08］
② 文化部办公厅. 国家文化产业示范基地评选命名管理办法［EB/OL］. 中国网，2006 – 06 – 21.

31. 文化载体

【词条来源】 "人类学之父"泰勒在《原始文化》一书中提出的观点。

【定义描述】 文化载体是指以各种物化的和精神的形式承载、传播文化的媒介体和传播工具，它是文化得以形成与扩散的重要途径与手段，文化的载体和产品息息相关，可分为内部文化载体和外部文化载体。

【内容概览】 文化作为一种载体，包括物质文化载体、精神文化载体、制度文化载体、活动文化载体。① 文化载体，简而言之，就是承载文化使之具象化的实体。文化的概念抽象而广泛，是人类社会特有的现象，是相对于政治、经济而言的人类全部精神活动及其活动产品。而文化载体则是指承载文化的各种媒介与传播工具，包括物质形式与精神形式。

【适用范围】 可用于文化产品的同义词汇。

【案例呈现】 文化载体建设也应重视与新媒体的结合，利用网络媒介建设大众喜闻乐见的文化载体形式，使村民的文化生活更方便快捷。例如可以以村为单位建立微信群、微信公众号，以镇为单位建立网站，以公开各类信息等。乡村文化载体建设在与新媒体结合方面应该注意导向性，更加关注正能量的传播，引导村民们抵制文化乱象中的低俗、有危害的部分。②

---

① 隋芳莉，高丽，徐海心，等．高校社会主义核心价值观培育的文化载体探析［J］．哲学理论，2019（5）：154-155.
② 祝静若．乡村文化载体建设问题及对策分析——以襄阳市保康县为例［J］．农家参谋，2019（11）：54.

32. 文化容器

【词条来源】简·雅各布斯的相关论述。简·雅各布斯说："设计一个梦幻城市很容易，然而建造一个活生生的城市则煞费思量。"①

【定义描述】文化容器是指城市是文化的容器，是人类文明的结晶，城市是一种特殊的构造，这种构造精密而紧凑，专门用来保存和流传人类文明的成果，它所提供的不仅仅是经济生活，更是文化进程。

【内容概览】老子曾经在《道德经》中说道："埏埴以为器，当其无，有器之用。凿户牖以为室，当其无，有室之用。故有之以为利，无之以为用。"在这可以认为老子主要是从宏观上分析"容器"这一概念，把"无"作为有用的部分，"有"是"无"的一种载体。没有了"有"这一实体，"无"当然也是不存在的。同时老子的这句话中的"室"也就是建筑的意思，而"当其无，有室之用"中的"无"又作何理解，对应"建筑是文化的容器"这一概念，从微观上我们可以理解为，"文化"应该是老子所说的"无"的其中一种。②

【适用范围】可用于与城市和建筑相关的论述。

【案例呈现】每一届的世博展览馆，本质上是展示各国文化内容的容器，塑造出其特有的场所精神无疑是每个参与其中的建筑师所追求的创作终极目标。空间在本质上具有社会性，同时社会也具有空间性，建筑师应通过规划和设计社会空间来服务于社会。因此可以说，从某种程度上，建筑已脱离了建筑师个人的美学范畴。世博会作为人类艺术和技术成果集中的大规模展示，其风向标作用是显而易见的，

---

① 杨玲. 城市：文化的容器 [J]. 中国建设信息，2007（12）：7.
② 王新义. 建筑是文化的容器——以河南总修院为例 [J]. 居舍，2018（18）：106.

当然建筑包括在其中。①

33. 文化平台

【词条来源】平台为在生产和施工过程中，为进行某种操作而设置的工作台，有的可以移动或升降。

【定义描述】文化平台是指各种文化子要素的综合构建物，要素之间的有效融合会提升要素本身的价值，现如今多数文化企业正打造自己的文化平台，以创造更好效益。

【内容概览】通过文化交流平台，通过双向或多向交流、沟通，促进文化共融互通，达到预期的效果，实现良好高速的发展。② 文化平台是文化的载体，通过平台可以进行社交、可以发布资讯，围绕平台可以产生很多附加产品。

【适用范围】可用于政策性文件的描述及企业联合后的名称。

【案例呈现】山东省依托广电网络"智慧云平台"，融合互联网，利用云计算、大数据等技术，将传统的、分散的公共文化资源和服务进行梳理整合，打通省、市、县三级公共文化服务。以"多屏多终端尽享齐鲁文化"为目标，将"齐鲁文化云"平台作为完善和提升全省公共文化体系、实施公共数字文化工程的重要内容，按照"整体谋划、全面规划、具体策划、重点突破"的原则，建设"齐鲁文化云"公共数字文化服务平台，加强对文化场馆、文化活动、图书信息、文博信息、非遗信息、文化产业、文化交流等各类公共文化场馆及内容

---

① 王振军，张会明，董召英，等．建筑秀场上的文化容器——沙特馆［J］．建筑学报，2010（5）：70.

② 杨印，尚文昭．"一带一路"沿途内的多民族文化交流平台建设［J］．科技资讯，2019，17（14）：195－196.

资源的整合，着力消除"信息孤岛"，建立集信息资讯、书籍阅读、艺术鉴赏、文艺活动、教育培训、文化传承、展览展示、文化交流、文化政务等公共文化服务于一体，以电视机、手机、电脑等多终端为主要服务手段，为人民群众提供"一体化""一站式""综合性"的公共数字文化服务，形成全省统一、互联互通，广大人民群众方便快捷享受的公共数字文化服务网络。①

34. 文化绿地

【词条来源】湖湘文化研究会常务理事陈先枢的相关论文。

【定义描述】文化绿地是指人的精神家园，具体而言包括公共图书馆、文化馆（中心、站）、社区文化活动中心、文化活动室、博物馆、美术馆、纪念馆、工人文化宫、少年宫等设施。

【内容概览】文化绿地是很多文化人的梦想，在文化绿地可以放松自己，可以沉淀自己，让心灵休憩，轻松面对下一次的重新出发。

【适用范围】可用于学术论文及相关宣传标语。

【案例呈现】北京宋庄以文化创意产业发展为绿地建设的核心，通过融合文化创意产业确定绿地的规划，根据绿地类型提出可操作性强的建设要点，以特色小品为媒介加强绿地风貌建设；小城镇绿地建设应注重特色，寻求更多的可促进区域发展、保护生态环境、满足当地居民需求的规划，逐步构建小城镇绿地系统的新常态。② 宋庄是画家心中的图腾，是当代画家原创艺术的集聚地。

---

① 刘海涛，张治龙．浅析山东"齐鲁文化云"平台建设［J］．有线电视技术，2019（3）：78－79．

② 郭维，孟祥彬．基于文化创意产业的宋庄镇绿地系统规划研究［J］．西南林业大学学报（社会科学版），2017，1（6）：69－73．

35. 文化中心

【词条来源】由美国人类学家威斯勒于 20 世纪 20 年代左右提出。威斯勒认为每一文化区都由两部分组成，其一为文化中心，它是该文化区所共有的文化特质集中的地方，该区域的最明显特质的实例亦在于此。

【定义描述】"文化中心"是指一个文化区特有的文化特质最集中的部分。这一名词通常的用法是指教育及艺术活动等中心地点。文化中心是指一个城市或地区内用于呈现文化艺术作品的建筑群体，通常围绕剧院或音乐厅修建，配备艺术博物馆、公共图书馆等。

【内容概览】威斯勒认为，每一个文化区域都有一个中心，这个文化中心是动态的，具有辐射出去的文化力量，文化区的文化特征，就是由该中心向外传播的。这样，"文化中心"这一概念，通常又用以指城市内呈现文化艺术作品的建筑群体。著名范例有纽约市的林肯演出艺术中心、澳大利亚的悉尼歌剧院等。

【适用范围】可用于对城市文化地标的描述。

【案例呈现】我国政府性对外传播的起点是 1988 年建设的毛里求斯海外文化中心，截止到 2018 年年底在海外设立的文化中心达 37 个，计划到 2020 年海外中国文化中心总数将达到 50 个，目标达成后我国对外交流全球性布局将更加完善。文化和旅游部国际交流与合作局副局长郑浩谈到海外文化中心时说，"从蹒跚学步的稚童，到懵懂求知的少年，再到风华正茂的青壮年"①。中国文化中心已在海外代表中国

---

① 宋佳烜. 海外中国文化中心：三十年，恰是风华正茂［N］. 中国文化报，2019 - 01 - 28.

形象，其具有特色高品质文化，展现了中国欣欣向荣的精神面貌，思想价值观符合中国特色社会主义。

让中国文化"走出去"，让世人更加了解中国，海外中国文化中心肩负着重任。中国的外交随着综合国力的增强，国际地位也发生了显著的变化。外交方面形成了新模式。

36. 文化群落

【词条来源】耿波的《文化群落与都市文化群落的危机》一书。

【定义描述】文化群落是指文化个体对超越其上的超越价值作向上的文化认同，在此个体性的文化认同中，个体自由发展，以此达成个体之间以此超越价值为号召的相互认同。

【内容概览】文化群落是一组人或一个群落在共享一套指挥他们行为的信仰、价值观和态度下，所塑造的不同文化之间的传播与交流，① 不同年龄、教育水平、社会经济地位、职业、性取向，甚至是生活条件不同的人都有属于自己的文化群落。

【适用范围】可用于文化社会学的学术论文中。

【案例呈现】在北京的香山，有一群人，似乎就生活在这样的一幅图景中。而这样的图景，又往往配合了他们的文化艺术上的趣味，天人合一，演绎了一种别样的生活方式。有人称这些人为"香山文化群落"。但与其说它是一个有组织的群落，不如说它是一个散居的群落、聚会、饮酒、弹琴、品茗、论道，住的大多不是广厦豪宅，但"斯是陋室，惟吾德馨"，虽然生活俭朴，但可以"谈笑有鸿儒，往来

---

① 帕特丽夏·盖斯特，马丁·艾琳. 健康传播：个人、文化与政治的合视角［M］. 北京：北京大学出版社，2006：25.

无白丁",所以,也别有一番趣味。① "野鸟未能随鹤化,山花犹自傍人开",相对于环境受到污染、车水马龙的北京城区,香山仿佛是一方净土,适合画家、书法家、诗人们的聚集和创作。当年圆明园画家村被解散后,有一部分画家就流散到香山,同时,全国各地的艺术家不断慕名而来,在此落脚。近年来,更增加了一些在北大等地"游学"而后辗转而来的文人学子。

37. 文化生成

【词条来源】A. L. 克鲁克等指出,"文化系统一方面是行为的产物,另一方面又是进一步行动的制约因素"②,说的就是文化与特定文化环境之间"内生"而非"外在"的关系。

【定义描述】文化是人们身处其中而不自觉的物质文明、制度文明与精神文明的集成。文化始终是"生成"中的而不是"构成了"的。我们认为,"生成"乃是文化的根本特性,"生成"突出强调了文化的时间动态性、系统性、历史情境性、建构反身性。

【内容概览】文化是由文化源头生发出来的,进而整合吸收特定文化元素,在生成的过程中不断对内、对外传播,形成文化生成中特有的"反身性"现象,最终导致新的文化群落的生成。这些文化群落之间在保持各自稳态的情况下也相互竞争、相互影响,最终带来群落演替等文化现象,进而形成相应的文化生态群落,承担特定的文化功

---

① 吴炜,那琪. 天地存大美 香山别有情——走近香山文化群落 [J]. 中关村,2010 (3):96.

② Alfred L Kroeber, Kluckhohn. Culture:A Critical Review of Concepts and Definitions [M]. Cambridge. Mass:Harvard University,1952:181.

能，呈现特殊的文化景观。文化的传播本质上是"生成"文化的一部分。① 文化是特定"时间历史"情境中的人们不断建构的结果，这正是文化"生成"的原因，建构成的"文化"又在新的"时间历史"情境下得到传承、强化、传播和阐释。可见文化绝非"构成"，而是生成的结果。只有在非常有限的时间内以静态的眼光审视"文化"，才会得出文化是"构成"的这一局部印象，然而一旦以历史的眼光加以全面的分析，就很难拒绝"文化是生成的"这一主张，生成是文化的根本特性。

【适用范围】文化环境、文化生态。

【案例呈现】多地争夺的"桃花源"案例。对于陶渊明笔下"桃花源"的当代归属，潘世东教授指出，"最后真正认定湖南武陵源、桃花源和湖北武陵源、桃花源究竟谁是谁非倒不十分重要，至为重要的应该是对一个地区人民的历史和创造、现实的福利和未来的发展有着起码的尊重和关切，有着长远的深思和熟虑"②。而"尊重和关切地域人民的历史和创造"，恰恰就是对特定地域文化"生成"历史的重视。

38. 文化圈

【词条来源】20 世纪初出现于欧洲民族学、人类学界。德国学者格雷布内尔和奥地利学者施密特对这一概念作了系统论述。他们认为文化圈是一个地理上的空间概念，包含一定的文化成分，即包含一个

---

① 左攀，郭哓."沧浪之水"今何在？——文化生态系统视域下的文化生成、传播与实证研究［J］.广西民族研究，2017（3）：141－150.
② 潘世东.汉水文化论纲［M］.武汉：湖北人民出版社，2008：682.

文化丛，丛内的文化诸因素仅散布于这一地域内。文化丛是一种文化实体，是功能上相互关联的文化特征综合体，每一种文化丛都是在一个中心一次产生的，然后向世界其他地区传播，形成文化圈。

【定义描述】文化圈指文化因素的复合体，包括社会组织、生产、技术、宗教等物质文化和精神文化的各个方面。同一文化圈有自己的特色，但又与相邻的文化因素相联系。根据文化因素的比较研究，可以决定文化圈的相对年代和相互关系。

【内容概览】是指一定地域中具有独特性质的文化系统。文化圈的要素包括政治体制、经济生活、社会意识形态、科技教育体系、宗教、团体、风俗习惯、传统、生产力水平等。文化圈是在漫长的历史发展过程中，由于地理、历史、社会政治与经济的原因形成的，如基督教文化圈、伊斯兰文化圈、东方文化圈等。文化圈大至数个国家，小至某个部落或某个山区。各个文化圈各有特点，但它们相互之间在精神文化方面的差异比在物质文化方面的差异更显著。同一文化圈内的人们的行为方式、价值观念和人格特征有较大的一致性。社会文化精神对个体心理的影响，是"文化心理学"（亦称"心理人类学"）的研究对象。对管理行为的研究，也要考虑到不同的文化背景因素的作用。例如，研究企业管理方式时，就必须考虑到员工的文化教育水平、社会舆论、思维方式、政治领导体制、生活传统和习惯等因素的影响，才能确定一种管理方式是否适用于该文化系统。

【适用范围】社会组织、生产、技术、宗教等物质文化和精神文化的各个方面。

【案例呈现】儒家文化圈即以儒家文化构建基础社会的区域的统称，是世界三大文化圈之一。儒家文化圈注重家庭与知识，注重敬天奉祖，信奉入世哲学，以人伦道德构建社会是儒家文化圈的基本文化特质，以仁、义、礼、智、信、忠、孝、廉、耻、节为其核心价值观。广义的儒家文化圈以汉字、册封体制、儒学思想、大乘佛教、律令制为五项基本要素，因此也被称为汉字文化圈。由于地理分布上主要分布在中国、日本、韩国、朝鲜等东亚地区（也包括越南、新加坡等东南亚地区），故也称之为东亚文化圈。[①]

39. 文化窗口

【定义描述】文化窗口是指某一文化载体可以成为他国或他民族透视该国或该民族文化传统的平台。

【内容概览】文化窗口承担着国家文化展示的重要作用，如《论语》《孙子兵法》在国外的广为流行为他国人民了解我国文化打开了新的文化窗口。

【适用范围】新闻报道的叙述，文化走出去。

【案例呈现】汉字是中华民族文明起源的标志，是民族智慧的结晶和象征，汉字文化是中华民族源远流长、富有生命力的文化载体，更是连接和维系海峡两岸同胞民族情感和文化认同的文化窗口。作为国家级综合性艺术研究机构，近年来，中国艺术研究院紧密围绕国家对台工作大局，努力发挥学术机构的资源优势和平台优势，以共同弘扬中华优秀文化、增强中华民族认同为主线，以搭建平台、加强沟通、打造亮点活动为思路，自觉发展多层次、宽领域、多渠道的两岸文化交流模式，组织了"两岸汉字艺术节"等一系列两岸文化交流与学术

---

① 李开琴，杨麒霖．儒学视域下中国儒家文化圈的文化外交研究［J］．山东行政学院学报，2019（2）：120 – 124.

对话活动，将政府交流和民间交流有机结合，积极构建两岸文化交流的长效机制，为两岸关系和平发展增添了新的动力。在政府的大力支持下，中国艺术研究院和台湾中华文化总会共同发起创办了"两岸汉字艺术节"，通过搭建高规格、高水平的汉字艺术交流平台，弘扬中华传统文化精粹，促进两岸文化艺术交流，推动两岸文化艺术的不断发展。①

40. 文化枢纽

【词条来源】泰勒对文化构建的相关描述。

【定义描述】文化枢纽是指多地区的文化聚集于单一地点的模式，为打造文化枢纽，城市建设者应该寻找那些至少有一种核心价值被共同信奉、实践和恰当本地化的场所。

【内容概览】文化枢纽的建设要解决好文化资源共享机制。主要须做到以下三点：一是建立区域间的优势互补、分工协作的机制；二是融合枢纽周边各城市间的共同的需求，从优势互补转向优势整合、从各展所长到协同共进、从各有精彩到繁荣共造；三是做到产学研企的全面合作，逐步培育以文化枢纽为中心的文化创新型人才。在构建文化枢纽共享机制的过程中，枢纽中心要先行一步，充分发挥文化枢纽功能，以促进城市间的文化认同、产业协作和社会融合。

【适用范围】可用于城市文化具体规划文件中。

【案例呈现】大湾区发挥文化枢纽作用推动粤港澳文化资源共享探求很值得借鉴。广州倡议成立"粤港澳大湾区文化艺术发展联盟"，

---

① 沙蕙. 让汉字成为文化交流窗口——有感于"两岸汉字艺术节"的举办［N］. 人民日报，2012－10－05（004 版文艺评论）.

在人才培养、艺术创作、艺术展演、文化传承、文化产业、学术研究等方面深入合作，既形成了大湾区内部的良性互动及资源整合，又以大湾区为核心对外辐射，对增强大湾区内各文化体间身份认同、文化自信及国际文化影响力都有着重要意义。倡导设立大湾区文化发展基金，共同举办大湾区艺术节、电影节、动漫节、音乐节、联合书展等一批具有国际影响力的品牌文化活动。广州有市属7家国有文艺院团，可以参与和推动三地艺术院团共同打造具有地域特色的舞台艺术精品，整合艺术创作力量，挖掘区域特色文化资源，加强艺术创作交流与合作。广州可借助每年的广州艺术节为平台，加强在粤港澳大湾区文化交流的推动作用，邀请港澳地区优秀文艺团队来穗演出。广州在文化走出去方面，可支持本地院团在大湾区交流演出，以市场机制推进剧院院线建设，三地演艺业联动发展，提升整体竞争力。①

41. 文化遗迹

【词条来源】出自《保护世界文化和自然遗产公约》（简称《世界遗产公约》）第1条。

【定义描述】文化遗迹又称文化遗产，是指具有历史、艺术和科学价值的文物，以各种物质形态存在的与群众生活密切相关、世代相承的传统文化表现形式，在进行城市历史遗迹保育活化时，注重对城市历史遗迹及其建筑的各个方面包括形式与设计、材料与物质、使用与功能、传统与技术、位置与环境、精神与感受以及其他内在的或外

---

① 赵宏宇，陈俊莉. 发挥广州文化枢纽作用　推动粤港澳大湾区文化资源共享探求，2018（3）：29－33.

部因素的原始的真实的保护。①

【内容概览】（1）历史文化遗迹往往记录了一座城市的兴衰，是一座城市的人文基础，对其的保护和开发工作往往备受关注。②（2）文化遗迹是各民族文化在长期的历史发展过程中逐渐形成和留传下来的优秀文化的总称，中国是一个多民族国家，各民族文化都有悠久的历史和辉煌的成就，文化遗产极为丰富。现实文化中从前人那里承袭而来的物质财富和精神财富是前人在特定历史环境中创造的文化财富，其文化价值通常随着时代环境的改变而改变，其中有的部分可能仍具有现实效用价值。对于文化遗迹我们要加以保护，对于文化遗产我们应该批判地继承。

【适用范围】可用于物质文化遗产的描述。

【案例呈现】北京通州作为北京市的城市副中心，其文化遗迹众多，对文化遗迹如何保护利用要有好的举措。比如，加强大运河（通州段）文化遗产的保护，积极推进汉代路县古城遗址保护，对三庙一塔及西海子历史文化风貌区和通州南城历史文化风貌区进行规划保护。一是用好文化"金名片"，提升北京城市副中心的文化软实力。打造文化旅游精品项目，做足大运河"世界文化遗产"文章，打造城市副中心文化旅游品牌。对接"一带一路高峰论坛""亚洲文明对话"等国家战略，推广通州三教庙在文明互鉴中的示范品牌。用好曹雪芹、李贽、刘绍棠等具有国际影响力的文化名人效应，提升城市副中心文化形象。二是搭建平台，汇聚各类资源，为文化遗产工作提供学术支

---

① 关于原真性的"奈良文件"概要［EB/QL］. 联合国教科文组织亚太地区世界遗产培训与研究中心网站，2009–01–08.

② 潘丽辉. 基于开发形态的城市历史文化遗迹旅游开发模式探析——以汕头为例［J］. 当代经济，2017（19）：66–67.

撑。成立专门研究机构，引进考古、史学、哲学、古文献等方面的专门人才；与国内高校和研究机构合作，确定研究方向，制订研究计划，为北京城市副中心文化建设提供学术服务。①

42. 文化网络

【词条来源】 杜赞奇提出"权力的文化网络"（Culture Nexus of Power）的分析概念。②

【定义描述】 文化网络是指组织内部非正式的信息沟通与传播的手段，它是组织文化的载体，由企业的广播、电视、报刊、文体协会、新闻通信网络、计算机局域网等企业组织直接控制的媒介手段组。

【内容概览】（1）文化网络作为组织文化的要素之一，是企业内部以轶事、故事、机密、猜测等形式来传播消息的非正式渠道，往往与非正式信息联系在一起。文化网络也是非建制型的信息传播渠道，是非正式组织传播交流重要的文化信息，并直接影响到员工的协作态度。企业要通过文化网络不断传播和强化公司的信仰和价值观，以保持文化的生命力，并使之深深渗透到企业的各阶层、各部门和员工内心。（2）文化并非一个物体，而是一组关系，一种随时间推移而演变的社会习俗。文化在推移和演变的过程中会形成一张张文化网络。每一代人在这个网络中都被再社会化，他们会修正身边的社会习俗习惯，并在这个过程中创造出新的文化模块。这种文化创造性是在知识考古学的背景下研究的，新一代都会嵌入自身流行文化的结构。在他

---

① 王杰群. 加强城市副中心文化遗产保护利用［N］. 北京日报，2019 – 07 – 11 （007）.

② ［美］杜赞奇. 文化、权力与国家：1900—1942 年的华北农村［M］. 王福明，译. 南京：江苏人民出版社，2010：5.

们还是青少年时，情感和社交就已经与文化环境捆绑结合在一起了。这被描述为文化网络的分层。这个过程很复杂，每一代或几代人创建自己的文化空间，这种文化模块会被他们携带着，当遇到未来的新一代人时，他们会从自己的文化网络环境来判断。①

【适用范围】可用于组织文化建设的相关描述中。

【案例呈现】手账文化网络趣缘群体进行的传播活动，是从加强自我认同到寻求群体认同的必经之路，如微博 ID 为"Susie 宝"的成员是手账圈中自我形象塑造最为成功的代表，微博粉丝 18 万，2017 年更是作为手账达人参加湖南卫视节目《天天向上》节目录制，现场展示手账制作过程和诠释带有她个人色彩的手账，获得大量粉丝关注。她借助风格化的符号和手账载体进行全方位的自我展演，为他人营造出一个因为喜爱"手账文化"而成功获得高品质、高品位生活的"领袖形象"。这同样也是手账文化网络趣缘群体成员所共同追求的群体目标，即先利用文本符号凝聚符号式的自我，继而利用其文本身份获取群体认同。因此，在手账文化中任何形式的写作都可以看作是"符号"自我的延伸，由"符号"自我到"符号"群体。②

43. 文化渠道

【词条来源】温家宝同志所做的《政府工作报告》中。

【定义描述】文化渠道是指文化商品的销售路线，是文化商品的流通路线，指厂家的商品通过一定的社会网络或代理商而卖向不同的

---

① Robert N. St. Clair Xiujie Sun. 文化网络的分层［J］. 学术研究，2015（1）：129 - 136.

② 李芳馨，张馥麟. 亚文化网络趣缘群体的聚众传播探究——以手账文化为例［J］. 呼伦贝尔学院学报，2018，26（5）：43 - 47.

区域，以达到销售的目的，故而文化渠道又称文化网络。

【内容概览】文化渠道可以借助国际互联网信息传播平台，以电脑、电视机以及移动电话等终端，以文字、声音、图像等形式来传播信息的一种数字化、多媒体的传播媒介。[1] 文化渠道的拓展有不同的文化途径，它们各自发挥特定的文化管理功能。例如，通过文化渠道来管理文化，也就是利用文化自身的力量来影响文化变化，使人们欢迎和追求一定的文化内容，厌恶和排斥另一些文化内容。通过经济渠道来管理文化，也就是利用经济力量创造文化发展的物质条件，从而扶植一些文化的发展，抑制另一些文化的发展。通过政治渠道来管理文化，也就是利用国家权力干涉文化发展状况，对文化提出强制性的要求，进行强制性的调节。社会主义文化管理，是利用各种途径进行的文化综合管理，只有这样才能保证社会主义文化事业的健康发展。

【适用范围】可用于文化产品推广的相关论文中。

【案例呈现】以北京的中华世纪坛为例，中华世纪坛是首都重要的时代标志建筑，是爱国主义教育基地与北京市重要的文化展示、推广、交流平台。此前，中华世纪坛艺术馆推出了"中华世纪坛传统文化季"项目。2018年"中华世纪坛传统文化季"以弘扬社会主义核心价值观、青少年文化素质培育和非遗传承为主线构建展览、演出、文化活动三大内容板块。据统计，此项目仅春节期间接待总人数已超过十万人次，线上辐射人群达到百万人次。但"中华世纪坛传统文化季"其优秀内容在生产完成后，多为一次性展示，复用情况和传播能力均受渠道限制。以点带面，大量内容机构生产的优秀资源在一次性

---

① 张瑞坤，董佳琦. 网络环境下河套文化传播渠道探析［J］. 新闻研究导刊，2018，9（17）：34 – 35.

或少量使用后，为了适应更多样化和细分的需求，也为了缓解行业间竞争的压力，内容机构多会选择继续开发新的内容产品，并由此造成了大量优秀内容的积压和浪费。因此，只有彻底解决渠道建设问题，贯通公共文化产品的产业链设置，才能够为优秀的内容提供展示空间，并通过多种渠道，将具有社会效益的品牌项目带给更多的社会大众，最大限度发挥优秀传统文化社会化传播的范围和价值。①

44. 文化社区

【词条来源】出自 2015 年 10 月，国务院办公厅印发的《关于推进基层综合性文化服务中心建设的指导意见》。②

【定义描述】文化社区是指通行于一个社区范围之内的特定的文化现象，包括社区内的人们的信仰、价值观、行为规范、历史传统、风俗习惯、生活方式、地方语言和特定象征等。

【内容概览】（1）随着城市化的推进，社区成为整合从单位制中散落出来的"社会人"的最重要空间。当代中国的社区不仅是生活社区，更应该是文化社区。当代中国社区文化基因的逻辑既不是西方的个人主义，也不再是计划经济时代的集体主义，而是基于物物联结和人人联结基础上的关联主义。社区正是在关联中传承文化传统、开发文化资源、优化文化服务。文化社区是推进中国社区建设的未来方向，在社区中确立文化自信，筑造中国精神的坚固基石，是一项铸造中华

---

① 陈工. 拓宽优秀传统文化的传播渠道 ［N］. 团结报，2019 － 01 － 19（002 观点·评论）.

② 国务院办公厅. 关于推进基层综合性文化服务中心建设的指导意见 ［N］. 中国文化报，2015 － 10 － 21（03）.

民族灵魂的工程。① （2） 文化社区是从充分考虑资源集中和利用效率的角度出发，在保证服务半径有效、服务人口数量合理和可达性的前提下，建设一个综合性文化服务中心，让两个或两个以上社区合并使用。由于不局限于一个社区内，文化社区在选址建设以及功能设计上的自主空间更大，可以选取相对最优的地理位置和较大的面积空间进行建设，对文化资源进行整合，充分考虑文化活动中心的功能性和实用性。这种做法虽然在公共文化服务的设施建设上打破了现有的社区一级行政区划，但通过科学测算和选址，服务可以完全覆盖设定服务半径内的多个社区，而且合一后的服务设施场馆面积更加充裕，不仅能够满足服务半径内覆盖人口的文化需求，还能在一定程度上提升服务效能。(3) 文化社区等同于基层综合性文化服务中心，即城市中的社区文化中心，是由政府主办的、以街道为依托，以不断满足人民群众基本文化需求为目标，以服务半径、服务人口与可达性为理论依据而建设的，为社区居民提供文化、体育、教育、科普、信息等综合性服务的公益性和多功能的公共文化服务设施场所。文化社区是社区居民集中开展读书看报、娱乐休闲、健身锻炼、科普教育和心理辅导等服务活动的场所，也是基层思想政治宣传、信息传播交流、非物质文化遗产展示与传承的重要基地。②

【适用范围】可用于社会公共文化的学术论文、社区建设。

【案例呈现】以北京市东城区的"文化社区"建设实践为例。东城区是典型的城市核心区，截至 2014 年年底，共有社区文化活动中心

---

① 严静峰，刘建军. 从生活社区到文化社区——中国社区建设的文化维度［J］. 中国文化产业评论，2017（1）：58.

② 陆晓曦. 文化社区：城市核心区基层综合性文化服务中心建设的样本——以北京市东城区为例［J］. 图书馆杂志，2017，36（1）：38－44.

163 家（含已建成的文化社区），少于社区一级的行政区划总量。通过服务半径与可达性测算，其最终目标是合并建成 100 个左右布局合理、规模适中、方便利用的"文化社区"。选取体育馆路街道建设实例做一说明。该街道设立于 1958 年，面积 1.84 平方千米，下辖 10 个社区，常住人口 4.8 万人。2011 年，街道文化活动中心在东四块玉南街甲 11 号建设了新的办公和活动场地，占地总面积 1500 余平方米，内设图书阅览室、电子阅览室、书画室、非遗工作室、舞蹈教室、器乐教室、演出小剧场等功能完备的特色活动室。2012 年，在辖区的中东部装修改造完成面积达 800 余平方米的法华南里"三区合一"文化社区，也设置有图书报刊室、电子阅览室、排练室等基本设施，供长青园社区、体育总局社区和法华南里社区开展各类文化活动。

45. 文化蓝海

【词条来源】欧洲工商管理学院教授钱金提出。

【定义描述】文化蓝海是指未知的文化市场空间，文化企业要启动和保持获利性增长，就必须超越产业竞争，开创全新市场，这其中包括一块突破性增长业务，一块战略性新业务开发。

【内容概览】文化产业是一片无边的蓝海，是增强发展后劲与未来竞争力的一个主攻方向。文化产业具有高知识性、高增值性和低能耗性，已成为高成长、裂变式发展性的优势产业。[1] 文化产业关联度强、附加值高，成长空间无可限量，符合产业结构演进方向，有利于产业结构优化，对经济社会发展具有前端牵引作用。在过去的一年里，政策"红包"如雪片般飞来，将文化产业发展推向转型升级的新阶

---

[1] 苏雁，陈敏. 探寻文化产业新蓝海［N］. 光明日报，2016 – 11 – 17（014）.

段。在转型升级之路上，文化产业将瞄准结构优化、资源转化、价值提升、市场扩张，形成一批文化产业发展新的增长点和增长极，全面提升文化产业发展的质量和效益。

【适用范围】可用于文化产品销售的学术论文中。

【案例呈现】在文化产业的蓝海里，竞争优势往往是"先到先得"。在"文化立市"的深圳，文化产业发展先人一步，得到政府既"给力"又"给利"的资金与政策支持，释放出气势磅礴的文化创造力。对于全国来说，推动文化产业成为国民经济支柱性产业是"现在进行时"；而对于深圳来说，文化产业作为城市支柱性产业则是"过去完成时"。深圳文化创意产业增加值占全市 GDP 比重早就突破了5%的关口，2014 年的增加值更是高达 1560 亿元，占全市 GDP 的9.8%，成为六大战略性新兴产业中发展最快的产业之一，是经济下行压力下立起的一根"顶梁柱"。[①]

46. 文化保税区

【词条来源】北京国际文化贸易服务中心在临近首都机场的北京天竺综合保税区。

【定义描述】文化保税区是指将国际贸易中针对普通商品的保税政策运用在文化贸易领域，并根据文化产品特点进行政策资源整合和制度创新，形成适应精神产品生产规律、促进文化对外贸易的专门保税形态。

【内容概览】（1）"文化保税区"实质是在当前文化艺术品高额

---

① 深圳特区报评论员. 文化产业是一片无边的蓝海［N］. 深圳特区报，2015 – 07 – 15（A02）.

税负现状下，为减轻企业税负、提升对外文化贸易便利化和促进区域文化产业发展，将保税区与文化产业相结合，迁移保税区的保税、免税、免证和外汇政策等功能所形成的"保税区 + 文化产业园区"的特殊经济区域。（2）"文化保税区"是一个为文化产业产品生产、贸易、企业集聚以及相关附属环节提供保税、免税、免征以及展销、鉴定、评估等保税区政策待遇的海关特殊监管区。[①]（3）目前大多文化保税区将功能定位于文化贸易、文化加工、文化展示、文化仓储四个方面，促进保税区内文化产业的特色化发展，需要在发展好这四项业务的基础上，发挥区内政策优势，鼓励文化生产内容的独特性，充分挖掘保税区所在地的资源禀赋，打造鲜明的地域文化特色产业。

【适用范围】 文化产业园区定位、政策性文件的相关论述。

【案例呈现】 文化保税区实质上就是通过提供便捷化服务为文化企业"解绑"。一方面，文化产品价值的形成周期具有特殊性，以艺术品为例，与一般商品相比，其价格不是由其生产者——画家决定，而是在画廊或者拍卖交易过程中形成，在后续交易过程中价格也可能会发生变化，这给文化企业的日常经营带来了一定的风险；另一方面，文化产品价值的评估具有复杂性，例如版权交易中，国内某公司称进口的图书版权价值 100 万，在每日货物审批量数以万计的海关对该价值真实性的证明无疑需要大量的手续，从而增加了文化企业交易的复杂性。而文化保税区就是通过创新管理方式，通过出台优惠政策与建设配套设施，推动区内服务更加高效化、快捷化发展，使文化企业能够更多地专注于自身的业务，从而将非业务类的事务交由文化保税区这个资源整合平台进行集中处理。以文化艺术品的价格审定为例，天

---

① 许彩羽. 广西"文化保税区"构建研究［J］. 广西社会科学，2016（7）：22－27.

竺综合保税区最新确定的以拍卖公司和藏家签订的"保留价"作为进口环节的定价标准的举措得到了多方认可,从而大大降低了文化贸易过程中的争议性和不确定性。[1]

47. 文化层次

【词条来源】 季羡林的相关论文中。

【定义描述】 文化层次是指人类活动所形成的堆积层。

【内容概览】 (1) 指个人文化整体素养所达到的高度。文化层次标志着一个人的文化高度,但无绝对标准。一个知识渊博、道德高尚的人可称其为高文化层次的人,但知识渊博到何种程度,道德如何表现才属高尚,就很难判断。(2) 通常分成三个层次:第一层次,意识文化,又称精神文化、观念文化,包括纯意识文化(如心理、心态、观念、思想、价值观、认知方式等),理论化和对象化的意识文化(如哲学、伦理、道德、宗教、美学、音乐、诗歌、文学、绘画等);第二层次,制度文化,包括反映社会形态的基本制度(如封建制度、资本主义制度)、具体制度(如政治、法律、经济、家庭、婚姻等方面的制度)、一般规章制度(如生产管理条例、奖惩条例等);第三层次,物质文化,如建筑、园林、饮食、服饰等物质产品都是意识文化的载体。三个文化层次互相渗透,各自与环境有着不同程度的联系。

【适用范围】 可用于对人类社会学论文的相关描述。

【案例呈现】 有很多学者对文化层次的分类进行了深入的研究,例如根据不同的视角得出不同的种类,黄光成在《云南民族文化纵横

---

[1] 杨毅,黄美玲,张琳. 文化治理场域下中国文化保税区政府治理机制创新研究 [J]. 湖北行政学院学报,2018 (5):52-57.

探》一书中把民族文化分为"外显、中介、内隐三个层面,外显层面具体分为互为关联的七个方面,即亲缘、地缘、业缘、物缘、神缘、语缘和政缘;内隐层面,则指构成一个民族文化心理素质的不易直观接触的部分;中介层面,即民族群体的文化行为则将外显与内隐层面联通起来并整合成独特的民族文化形态"①。贾银忠教授从旅游研究的视角把民族文化分为三层:"从少数民族旅游文化的结构体系来看,应包括最外层的物质文化,如建筑、园林、器物、工具、饮食、服饰等,这些都是有形的,能被人的感知器官所能感受到的物质形态。少数民族旅游文化的中间层次包括制度文化和行为文化两个方面,核心层是精神文化或心态文化,是民族地区旅游活动参与者的文化心态及其在观念形态上的表现,包括社会心理和社会意识形态。由少数民族的价值观、道德观、思维方式、审美意识等主体因素构成。"②

48. 文化场馆

【词条来源】政策性文件中。

【定义描述】文化场馆是县、市一级的群众文化事业单位,有的地方也叫文化中心,作用是开展群众文化活动,并给群众文娱活动提供场所,目前我国各省市基本都有文化馆。

【内容概览】文化场馆作为综合性"体验空间",正在成为客观和主观上的必然趋势。在文化场馆这一"体验空间"中,观众根据自身兴趣和需要,进行选择性接触、选择性记忆、选择性接受。与此同时,

① 黄光成.云南民族文化纵横探 [M].北京:科学出版社,2007.
② 贾银忠.中国少数民族旅游文化应有自己的学科地位 [J].西南民族大学学报(人文社科版),2005(9):14-15.

场馆所要做的，是在了解观众的基础上，提供准确符合观众具体需要的文化服务。由"千人一面"到"千人千面"，从而提升优秀文化宣传教育的效果。①

【适用范围】可用于政策性文件对公共文化事业建设的描述部分。

【案例呈现】近年来，国家致力于构建现代公共文化服务体系，各级党委政府对公共文化场馆加大了投入保障力度，公共文化服务的受众面正逐渐扩大。围绕打造特色服务品牌，很多图书馆、博物馆、美术馆等也推出了针对少年儿童的服务项目，且深受社会各界欢迎。因此，促进教育、文化的融合，尤其是坚持公益导向实现两部门资源的共建共享，对满足美育工作的需要大有裨益。孩子是祖国的未来。推动美育课堂向公共文化场馆延伸，在秉承因材施教原则的同时，还应充分挖掘本地文化资源，让公共文化场馆的美育课堂变成传承发展当地文脉、提升孩子人文素养的重要阵地。具体而言，建议从以下两个方面着力。首先要坚持先进文化的方向。公共文化场馆的美育课堂，不能只是具有艺术教育的功能，而应是弘扬中华优秀传统文化、培育社会主义核心价值观、开展爱国主义教育的主阵地。其次要避免"一刀切"的现象。结合以往经验，公共文化场馆在开展针对孩子的主题活动时，缺乏特色和亮点，动辄以参观展览、体验非遗为主。要深挖最能体现本地特色的历史文化资源，结合戏曲传唱、舞蹈培训、美术创作等形式加以传承学习。②

---

① 陈麟辉. 红色文化场馆在社会教育中的角色与定位——陈云纪念馆的实践与探索 ［EB/OL］. 中国文物信息网，2019－05－28.

② 范艳美. 美育课堂应向公共文化场馆延伸 ［N］. 中国文化报，2018－10－25（8）.

49. 文化孤岛

【词条来源】谢廷秋的《文化孤岛与文化千岛》一书。

【定义描述】文化孤岛是指在某个主流文化的范围内，与此文化不同的一种文化现象的存在。出现文化孤岛的原因是多方面的，其最直观的表现就是某个小区域的居民和周围大环境下的居民在文化上存在明显差异。

【内容概览】（1）"文化孤岛"是人类学家和历史学家借助地理学的概念提出的，不仅指地理位置上隔离于主流群体，更指文化心理上与主流群体的差异和隔阂。（2）文化孤岛是文化地理学上的一个概念，因此在地理上的隔绝是其形成的基础，内部强烈的认同感是其形成的核心要素，特定的历史背景、独特的地域文化则是筑就文化孤岛的必备条件。①

【适用范围】可用于人类社会学学术论文中。

【案例呈现】例如，海南临高的历史就是演化为文化孤岛的过程。先秦时期，临高先人是百越人的一支，从广东、广西经由琼州海峡渡海到达海南岛，定居在海南岛东北部地区，带来了比当地土著黎族更加先进的生产技术。由于岭南地方被中央王朝直接管辖，汉化过程加速，临高成为被土著的黎族和后来的汉族包围的百越人文化孤岛。在当代中国的地方文化中，临高的百越人文化孤岛特色鲜明，具有特殊价值。②

---

① 薛欣，陈晓旭. 坡陈村传统武术文化孤岛成因分析［J］. 武术研究，2018，3（4）：1-3.

② 刘付靖，董安妮. 临高：文化孤岛的历史价值与现实反差［J］. 广东技术师范学院学报，2014，35（4）：34-40.

50. 文化公寓

【词条来源】日本的公寓形式之一。

【定义描述】文化公寓是指由胶囊公寓演变而来的一种租房,第一家胶囊公寓在日本,后因其价格低廉深受刚毕业大学生以及低收入者喜爱,2009 年传到中国。针对人群有刚毕业学生、下岗人员、低收入者。

【内容概览】(1)文化公寓是一种广义的、深层次的公寓文化,是一种完全不同的、新的公寓文化观,是通过公寓文化不断内化为在大学生行为素质的动态的生成过程中所形成的充满活力、创造力和人文精神的教育环境。文化公寓的内涵,不仅包含狭义的公寓文化即公寓文化活动,而且也内在于公寓内的内涵、制度、器物和活动之中。①(2)文化公寓建设需要回归大学的价值理性,以文化自觉、文化自信、文化自强、文化包容、文化精神提升等为特征,坚持以学生为本,持续丰富其人文内涵,提升其人文精神,通过构建新机制来促进文化的和谐发展和长效建设,形成文化公寓新格局,促进文化公寓"量"的建设向文化公寓"质"的转变与提升。②

【适用范围】学生宿舍建设。

【案例呈现】文化公寓建设需要加强楼宇文化建设。由于学生流动大、专业文化有差异,楼宇文化积累不多,使得楼宇文化积淀基本没有,更谈不上传承。因此,我们在进行文化公寓建设的同时,要加

---

① 贺治成,李辉. 从公寓文化到文化公寓:高校校园文化建设的新视角〔J〕. 学校党建与思想教育,2012(22).
② 李忠晓. "学以成人"视域下高校文化公寓建设研究〔J〕. 思想教育研究,2019(2):118-121.

强楼宇特色文化建设。一是建立楼史楼志。透过楼宇历史的记载，提炼总结，以文字、图片、录像的形式，把每栋公寓的楼名、楼训、楼标、住过的往届优秀毕业生等记录下来。展示于宣传橱窗内，使新住的人见贤思齐。二是注重楼道文化建设。注入专业元素，融入专业文化。做好宣传展示，树立典型，营造健康向上氛围。将公寓文化与公寓楼文化建设主体拧成一股绳，让学生感受到住在公寓楼的归属感和自豪感。三是创建楼宇特色文化与普及推广相结合。根据各公寓楼生活老师及他们所带领的班组团队的特点和优势，结合各个楼内所居住的学生的特点，如性别、专业、学习阶段等，创建特色公寓文化；针对毕业生较多的公寓楼，公寓管理人员及时发布适当的考研和招聘信息；针对新生较多的公寓楼，发布生活小常识和小窍门类的信息；针对女生楼，提供各类保健、美容、健身的知识；针对男生楼，则发布体育、娱乐类的资讯信息等。同时部分公寓楼还提供体育活动用品外借服务和"雨中情"公益伞借用服务，为学生提供更多温馨服务，推动文化公寓的规范与进步。①

51. 文化作坊

【定义描述】文化作坊又称文化工作坊，是指用于供文化从业人员保存或开发文化产品的工作室或工作间，以苏州大学中国传统文化工作坊为代表的文化作坊，为传播中国传统文化做出了贡献。

【内容概览】文化作坊可以是实体的文化大师工作室、文化企业孵化器、文化工匠们的创造空间，也可以是虚体的文化沙龙等。不管

---

① 闫永官. 高等院校公寓文化到文化公寓建设途径探析［J］. 中国职业技术教育，2015（4）：81 - 83.

是实体还是虚体都要注重文化内容的建设。

【适用范围】机构名称、园区建设。

【案例呈现】景德镇是中国 24 座历史文化名城中唯一以陶瓷闻名于世的城市。景德镇千年以来以瓷立镇,以一项手工技艺支撑起城市的精神与文化生活。景德镇手工制瓷技艺和文化作坊营造技艺自 2006 年纳入国家非遗重点保护,与二者相关的陶瓷工匠和作坊,更是文化遗产的代表。景德镇制瓷技术主要包括采集制作陶瓷原料所用的技术;泥料、釉料分池滤净技术;制作瓷器的技术;绘制装饰瓷器的彩绘技术以及制作各种窑炉的技术。景德镇手工制瓷技艺可分为做坯、修坯、上釉、釉上彩绘、釉下彩绘、烧成等六大工序。陶瓷制作的工序,号称为"七十二道工序"。工序的细化使得景德镇陶瓷制作分工明确且人员可能一生从事一道工序。制造业的完善依赖于人员的分工、分工程度及市场范围等因素。景德镇陶瓷原料资源丰富,气候湿润,陶匠聚集,从而为陶瓷的制造和生产提供了一个良好的生态环境。匠人在制作陶瓷的过程中,由于受教育程度不同和行业壁垒等问题,很多制瓷技艺需要通过"口头、师徒"传承。尽管如此,陶瓷技艺生产却未间断发展,完整的传统手工艺传承在景德镇至今仍在一代接一代延续着,精湛的传统制瓷工艺得到良好的承载。①

52. 文化堡垒

【定义描述】文化堡垒是指某地或某区域的文化中心或聚集区域,如书店、学校、智囊机构等。其具有精神丰富性等多种优势。

---

① 王清丽,马莉. 文化生态学视阈下的景德镇陶瓷工匠与作坊的保护 [J]. 艺术评论, 2018 (12): 144 – 149.

【内容概览】文化堡垒既可以是实体，也可以是虚拟的思想境界。

【适用范围】可用于对某地的比喻。

【案例呈现】例如，委内瑞拉加拉加斯隆加雷大街近旁街区提乌纳的文化堡垒公园。首先在公园的营造上具有因地制宜却富有创意的鲜明特色，利用废弃的停车场为周边社区居民的休闲、娱乐和学习活动开辟具有艺术品质的公共空间。其景观元素和公共设施的营造方式凭借变废为宝和化腐朽为神奇的设计策略和手法，利用回收的废旧货运集装箱体进行多样空间的模块化组合与重构，形成丰富而奇特的视觉与功能形态，并可以随着时间和使用过程的延展而得以增长。这种景观与建筑空间的模块化和立体化的构成，也有益于扩大此公园的绿化面积和公共服务功能的多样性需求。公园中简朴、实用而富有创意的集装箱建构物及其热烈的涂鸦艺术氛围显现出其平民化、大众化的姿态，有益于激活原本近乎简陋和冷漠的空间之活力，有利于吸引周边社区青少年和成年人的介入，展开各种游戏与交流活动。园区设有艺术家工作坊教室、餐厅和体育运动空间，有益于增进公园的文化品质和公益内涵并以低成本、低消耗的可持续方式为普通居民营建属于大家的文化乐园。此公园的命名采用与当地历史文化相关且体现其公共精神的提乌纳堡垒，其中的内涵之一是提倡社会自勉、自治与自强的精神。在社区福利和文化建设中发掘非政府的民间能量和智慧，在社会多方的参与下，自发地推动城市社区的公共艺术，以艺术的、创造性的方式改善当地居民的生活与生态环境品质。这对于促进社会交流与团结及培育城市的市民自治精神均具有重要的现实意义。①

---

① 亚历杭德罗·海埃克·科尔. 提乌纳的堡垒文化公园［J］. 公共艺术, 2013（03）: 65.

53. 文化广场

【定义描述】文化广场又称作公共文化区域，是指供城市居民日常生活和社会生活公共使用的室外空间，它包括街道、广场、居住区户外场地、公园、体育场地等。

【内容概览】作为政府为市民提供的免费露天文化娱乐活动场所，在城市公共空间中应该可供人们休憩、游玩、演出及举行各种娱乐活动，目的是为了满足人们在城市中的各种休闲、娱乐需要。

【适用范围】可用于相关政策性文件的描述。

【案例呈现】例如位于历史文化名城甘肃武威大什子西侧的"文化广场"。正门朝南临西大街，与人民饭店隔街相望。这里曾是一处布满茶园、酒肆、零食担、杂货摊的市场，三教九流，无所不有。1985 年，市政府决定把此处建成花园式的文化广场。搬迁了摊贩，拆迁了部分旧建筑，于 1986 年 4 月破土动工，9 月竣工，总面积 1.87 万平方米，分老年、青年、少年三个活动区。场内栽植了松柏、国槐、葡萄、玫瑰、桃、梅等各种树种和花卉，建造了喷泉、凉亭、长廊、水池、花圃、草坪等，并组装有 14 组彩灯。四隅置汉白玉石雕四座，东南隅为"读简"，东北隅为"童心"，西北隅为"牧归"，西南隅为"晨读"。中央耸立着一座高达 19 米的城标塔，塔顶置有象征武威在腾飞的城标——铜奔马。马长 3.7 米，高 1.8 米，重 3.3 吨，昂首嘶鸣，气势磅礴。春末夏初，百花争艳，盆景点缀其间，喷泉溅虹，相互辉映，分外瑰丽。每当晨曦初露，健身练功者从四方涌来，使广场充满了生机。傍晚时分，游人川流不息，或憩于花团锦簇之中，或漫步于垂柳草坪之间，心旷神怡，流连忘返。

54. 文化空间

【词条来源】（1）"文化空间"概念来自列斐伏尔的"空间生产"理论，原指具有文化意义或性质的实体空间场所。① （2）英国学者麦克·克朗《文化地理学》提出："文化空间应该被认为是文学与地理的融合，而不是一面单独折射或反映外部世界的镜头或镜子。同样，文学作品不只是简单地对客观地理进行深情的描写，也提供了认识世界的不同方法，广泛展示了各类地理景观：情趣景观、阅历景观、知识景观。文学是社会的产物，事实上，反过来看，它又是一个具有重要意义的社会发展过程。"②

【定义描述】文化空间是指人类口头和非物质遗产代表作的形态和样式，由于文化空间是非物质文化遗产中的用语，因此，文化空间的释义必须以非物质文化遗产为基础。

【内容概览】（1）2002 年，联合国教科文组织进一步将"文化空间"定义为"人们见面分享或交换文化方面的做法或想法的物理空间或象征空间"③。城市文化空间是指与人类活动、行为（或感知）、空间原型和周边环境特征相关联的城市空间，其概念不仅仅包含实体，

---

① LEFEBVRE H. The production of space ［M］. SMITH D N, Trans. Oxford：Blackwell, 1991.

② 麦克·克朗. 文化地理学 ［M］. 杨淑华，译. 南京：南京大学出版社, 2005. CRANG M. Cultural Geography ［M］. YANG Shuhua, Translated. Nanjing：Nanjing University Press, 2005. （in Chinese）.

③ UNESCO. Preliminary – draft International convention on intangible cultural heritage ［EB/OL］. （2003 – 06 – 18）. https：//ich. unesco. org/en/convention.

也包含感性的现实。① 城市历史公园作为历史文化的容器，是抽象的价值体现与表达的物质载体。文化空间理论有助于梳理城市历史公园空间价值的概念、分类与表现形式，为公园空间历史文化价值的转译与评估提供了新视角。（2）文化空间具有以下特征：首先，文化空间是文化符号集聚的系统，具有符号表征性；其次，文化空间是人之存在的空间，因而具有体验性特征；再次，文化空间是长期以来人类文化实践活动的产物，具有内部整体性和外部整体性；最后，空间主体、客体与周围的自然环境相互联系、相互作用、相互制约，构成了一个紧密联系的文化空间环境系统，因而具有系统性。文化空间的特征决定了对非物质文化进行保护和发展的措施有其特殊性和艰难性。②

【适用范围】文化项目设计，文化产业规划设计。

【案例呈现】摩洛哥的非物质文化遗产代表作"德迦玛艾尔法纳广场文化空间"，指的是马拉喀什市的中心广场。这个文化空间终日熙来攘往，从 1071 年该广场建成，这个"文化空间"就形成了，一直热闹到今天（我国过去的北京天桥文化与此极似）。而这座著名的阿拉伯人古城及其建筑、民居、寺庙等此前已列入世界非物质文化遗产，这使原有的文化遗产更加熠熠生辉。两个遗产叠加在一起，就使这座城市形神兼备、动静相宜了，它生动而鲜活起来，使遗产获得了

---

① FERDOUS F, NILUFAR F. Cultural space—a conceptual deliberation and characterization as urban space〔J〕. Journal of the Department of Architecture, 2008, 12（1）: 29 – 36.

② 焦荣慧，张敏. 文化空间视角下粤人文化遗产的保护和开发〔J〕. 旅游纵览（下半月），2019（05）: 171 – 172.

生命和活力。①

55. 文化源泉

【词条来源】出自党的十八大报告中的一句"让一切文化创造源泉充分涌流"。

【定义描述】文化源泉是指一国或组织文化的来源或根源，如中国的文化源泉包括先秦文化、秦汉文化、唐宋文化等，西方的文化源泉包括古希腊文化和古罗马文化等。

【内容概览】文化源泉是一个国家、一个民族的不竭动力。文化兴国运兴，文化强民族强。没有高度的文化自信，没有文化的繁荣兴盛，就没有中华民族的伟大复兴。人类社会的发展本身就是一种文化现象，中国特色社会主义文化是对当前社会政治、经济等方面的一种反映。每一种文明都延续着一个国家和民族的精神血脉，既需要薪火相传，更需要与时俱进、勇于创新。中华文化博大精深，中国改革开放和现代化建设的动力就来自源远流长的中华文化。②

【适用范围】文件用语、文学作品。

【案例呈现】文化是一个民族的精神家园，中华文化拥有五千年光辉历史，不断传承、生生不息，文化自信不仅是当代中国"最硬"的软实力，而且应该是当代中国"最软"的硬实力。一个没有文化自信的民族是不可能傲立于世界民族之林的，一条缺乏文化自信的前进

---

① 中国民间文艺家协会. 论"文化空间"［J］. 中央民族大学学报（哲学社会科学版），2008（3）：81-88.
② 尹茵. 文化自信的力量源泉［J］. 人民论坛，2018（16）：236-237.

道路是不可能有人跟随共同奋进的，一个缺乏文化自信的国家也是不可能真正为世界所认可的！在 21 世纪的今天，正如中国经济一样，文化自信同样应该成为中国最闪亮的招牌。因此，文化自信，我们要从中华文化源泉中去追寻；文化自信，我们要从革命文化源泉中去继承；文化自信，我们要从社会主义先进文化中去提炼；文化自信，我们要在中国特色社会主义伟大实践中去积累。①

---

① 刘迎秋. 也谈新时期中国文化自信的源泉［J］. 广西职业技术学院学报，2018，11（2）：5 - 9.

三、生活类

56. 文化博览

【词条来源】杂志名、网络栏目名《文化博览》。

【定义描述】《文化博览》是一本年轻的刊物，标举"可读性"与"人文化"的编辑方针，努力把握当前我们生存环境中已经发生的重大变动，以"扩大视野、启迪思想、熏陶情感"为方向，始终坚持对人的关注。

【内容概览】宣讲家网的栏目"文化博览"设置了文化传承、博古通今、人文专辑、纪实频道、影视荟萃、读者之声等9个子栏目和二十四节气微课堂等特色节目。栏目邀请历史文化领域的知名专家学者进行访谈和讲座，系统、全面、深入地解读中华民族独特的传统文化、历史积淀和精神追求，帮助干部群众划清是非界限、澄清模糊认识、增强文化自信。①

【适用范围】可用于文化艺术活动。

---

① 周艳，叶其英. 厚植政治理论网站的文化底蕴——以宣讲家网站《文化博览》栏目为例［J］. 辽宁行政学院学报，2019，（03）：77－81.

【案例呈现】"文化博览"栏目高度重视优秀传统文化的传承，大力宣传革命文化和中国特色社会主义先进文化，突出文化的价值和滋养，坚持在宣传优秀传统文化和社会主义先进文化相结合上下真功夫，制作富有真情实感和优美画面的走心作品，让传统文化贴近实际、贴近生活、贴近群众。在培育和践行社会主义核心价值观主题宣传中，以"树状图"形式立体、全面、形象展示社会主义核心价值观，制作的《小城故事》等作品画面优美、观点鲜明，突出了中国特色和正能量，深受网民的欢迎和喜爱。

57. 文化会展

【词条来源】自 1851 年英国伦敦举办万国工业博览会以来，会展活动内容与形式不断地变化丰富，围绕会展活动上下游产业形成的会展业迅速发展，文化会展已经成为第三产业中重要的组成部分。

【定义描述】文化会展有广义与狭义之分，广义上来说所有的会展活动都是文化会展。狭义上文化会展是指各类会展主办机构，通过举办各种文化类型的会展活动来促进文化产业的发展，同时作为一种经济活动，客观上表达、展现在理念、价值等方面的文化内涵。简单理解文化会展就是为文化产业办会展活动。

【内容概览】（1）文化会展是为文化产业办的会展活动，本质上服务于文化产业。其中文化会展为文化企业搭建贸易沟通的平台，促进新技术与信息交流。而文化节庆则产生巨大的社会影响力，延伸了文化产业链。（2）文化会展为文化产业的发展搭建沟通交流、贸易的平台。平台作用是文化会展的首要功能。通过文化会展活动的策划、实施，促进文化产业链的要素流动、文化产品的贸易与消费；另外，文化会展通过新技术、新产品、新理念的交流传播，促进资本、技术、人才等要素的新组合与配置，推动文化产业的创新升级发展。[①]（3）文化会展是指以文化为手段，在一定地域空间，许多人聚集在一起形成的定期或不定期、制度或非制度的传递和交流信息的群众性社会活动，外延包括各种类型的博览会、文化活动、节庆活动等。

【适用范围】可用于政策性文件、会展名称之中。

【案例呈现】深圳文博会被誉为"中国文化产业第一展"，是我国唯一一个国家级、国际化、综合性的文化产业博览交易会。本届深圳文博会围绕庆祝新中国成立70周年这一主题，分为9大场馆，全国31个省、区、市及港澳台地区全部参展，吸引了来自欧洲、亚洲、非洲、北美洲、南美洲、大洋洲的50个国家和地区的132家海外机构参展。今年是深圳文博会举办的第15个年头，贵州是第14次组团参展，多彩贵州馆占地880平方米，分为A、B两个区域，围绕"山地公园省多彩贵州风"主题，重点展示贵州茶文化、媒体融合、多彩贵州宣传文化云、智慧广电、正安吉他、文军扶贫等，呈现贵州在"文化大数据""文化大扶贫""文化大生态"等方面展开的积极探索和系列成果。在贵州馆的展示中，贵州日报当代融媒体集团、贵州广电传媒集团、多彩贵州网、贵州出版集团、多彩贵州文化产业集团、贵州文化演艺集团等省属国有文化企业纷纷亮出引以为傲的"法宝"，他们不仅在专业领域中展现出行业龙头的风范，也在文化与科技结合、非遗的价值转化等方面大胆创新，用看得见、听得到、能运用的成果和技术，连接过去与未来，展示贵州多年来在文化体制机制改革中孜孜不

---

① 顾伟. 文化会展促进文化产业发展研究［J］. 市场论坛，2018（10）：90－92.

倦的探索，呈现出朝气蓬勃的文化产业发展新景象。①

58. 文化视觉

【词条来源】［英］理查德·豪厄尔斯提出。

【定义描述】文化视觉是指把本身非视觉性的东西视像化，正如通常所说，视觉文化研究的是现代文化和后现代文化为何如此强调视觉形式表现经验，而并非短视地只强调视觉而排除其他一切感觉。

【内容概览】将文化元素运用到图形设计中，使设计方案从形态、色彩、主题等方面都能体现传统文化的内涵，满足用户的文化需求。通过对文化元素特征与艺术特征的分析，综合运用感知分析与形状文法等方法，提出了文化元素视觉化提取与衍生设计的方法，实现了传统图形与现代流行风格的融合，最后以创作案例来予以验证。文化元素与现代流行设计风格的融合，有助于提升设计对象的文化和精神内涵，实现文化的传承与创新。

【适用范围】可用于研究后现代主义的相关论文、文化主题设计。

【案例呈现】将《诗经》的文化元素，通过视觉设计，突出传统与现代的融合。《诗经》是中华民族永恒的精神故乡，以其独特的艺术魅力与文学价值和精神凝聚，很好地体现了我国传统文化的意蕴与精神。《诗经》中的文化元素通过设计法则，提取出基本图形单元，运用形状文法法则，重复、旋转、镜像等，进行衍生设计，运用到现代图形设计中，使图形设计更加有文化特征，符合当代大众的审美需

---

① 彭芳蓉，邓钺洁，周雅萌，等. 深圳文博会上的多彩贵州风［J］. 当代贵州，2019
（21）：20－21.

求，为现代图形设计增添了文化内涵。① 该应用方法同样适用于其他传统文化的设计再创新。期望通过图形的再设计，使优秀的传统文化精神得以传承,②使用户的精神文化需求有所寄托，把传统文化中的艺术价值发扬光大。

59. 文化科技

【词条来源】最先出现在国家和地方的文化政策文本以及为文化科技融合而出台的一系列规划与行动方案当中。③

【定义描述】文化科技是指运用高新技术特别是信息技术改造传统文化产业，创新文化发展方式，并不断催生出科技和文化融合的新业态，发挥出文化和科技深度融合所产生的创新作用、引领作用、转化作用。

【内容概览】（1）文化与科技融合，是科技促进文化产生新样式、新产品、新服务以及科技活动、成果不断丰富其人文内涵的互动过程。几乎所有产业的技术升级和产品迭代都与文化艺术密切相关，其指向的是工具理性与价值理性的统一。（2）文化与科技深度融合，使得科

---

① 田甜. 宝鸡青铜器尊纹饰对现代图形设计的启示［J］. 包装工程，2017，37（6）：196－200. Tian. Baoji Bronze Ornaments Decorated on the Modern Graphic Design Inspiration［J］. Packaging Engineering，2017，37（6）：196—200.

② 杨晓燕，刘帅，王伟伟. 地域文化图形扁平化风格的应用［J］. 包装工程，2015，36（20）：26－29. YANG Xiao－yan，LIU Shuai，WANG Wei－wei. Application of Flat Design Style of Regional Culture Graphic［J］. Packaging Engineering，2015，36（20）：26—29.

③ 《"十二五"文化科技发展规划》《国家文化科技创新工程纲要》《关于推进文化创意和设计服务与相关产业融合发展的若干意见》《关于推动数字文化产业创新发展的指导意见》《"十三五"文化科技创新规划》《关于推动新闻出版业数字化转型升级的指导意见》《北京市促进文化科技融合发展的若干意见》《安徽省推进文化创意和设计服务与相关产业融合发展行动计划》等等。

技产品注入文化内涵，文化资源获得创新表达，促进着消费、生产乃至社会方方面面的深刻变化。（3）文化科技深度融合促进时代变迁。文化与科技相互激励，共同孕育出新样式、新模式、新业态，促使人类的精神需求得到无尽开发和持续满足，推动人本身的进化和社会的整体进步。（4）文化科技深度融合，使得科技产品和服务在满足人们极致化、个性化需求的基础上，又激发出人们更深层次的审美化需求，也使得文艺类产品和服务在满足人们体验化、交互性的基础上，又激发出人们更富创意的场景化需求。可以说，文化科技深度融合，正在为满足人们对美好生活期盼的过程中，开辟出超越物质需求之上的无尽发展空间。①

【适用范围】文化政策制定、文化园区项目、文化产品设计。

【案例呈现】《流浪地球》首先积极探索中国本土文化，巧妙将各种中国元素植入到影片中，形成了具有鲜明民族特色的科幻影片风格。在影片主题上，《流浪地球》是一部典型的中国特色的新主流电影，明确弘扬社会主义核心价值观和传递正能量。《流浪地球》的科技创新和技术突破体现了中国人对科学的执着精神，也得益于其团队的精心制作与不懈探索。从特效制作的数量上看，《流浪地球》整部影片一共有2003个视效镜头，其中75%的特效由国内影视特效制作公司 MORE VFX 完成，德国和韩国特效团队的部分仅占25%。② 对于科幻电影观影效果而言，影视特效意义重大。从影片制作质量上看，《流浪地球》在我国特效电影史上可谓出类拔萃，无论是大气磅礴的

---

① 李万. 文化科技深度融合：迈向高质量发展的战略路径［J］. 学习时报，2018 –
　08 – 29（006）.

② 饶丹.《流浪地球》：让中国科幻电影不再"流浪"［N］. 湖南日报，2019 – 02 –
　22（14）.

冰封地表奇观，还是绚丽宏伟的太空景观，抑或熙熙攘攘的地下城景，每个画面都经得起科技的玩味与文化的考量。《流浪地球》的团队表示，在特效制作中，精确到每一个细节才能使画面有真实质感，例如在风雪交加的地表上，漫天白雪落在人的头盔上会弹起一定弧度再落下，这种雪花与救援队员外形产生互动的细节使得画面更真实。[1]《流浪地球》的成功证实了我国文化科技发展水平已突破原有的技术水平，其特效制作的完整性和独立性标志着中国影片在制作上达到了新的高度，彰显了我国文化科技的综合实力。

60. 文化盛宴

【定义描述】 文化盛宴是指文化的集中展示。可以将各种各样不同的文化加以聚合，成为供人民学习或欣赏的文化活动，提高人们的文化视野及鉴赏力。

【内容概览】 文化盛宴，是为了教育、研究、欣赏的目的，由社会力量利用非国有文物、标本、资料等资产依法设立并取得法人资格，向公众开放的非营利性社会服务机构。随着近几年经济的发展，个人或企业手中的藏品也在不断丰富，民间博物馆如雨后春笋般蓬勃兴起，成为文化的新生力量，成为国有博物馆的良好补充。

【适用范围】 文化产业规划、文化场馆、文化活动。

【案例呈现】 每一个节日都是一场文化盛宴。我们不仅在饱享节日文化的饕餮盛宴中找到了来时的路，更是在保护民间文化中找到了出路。庸常的世俗生活因为有了热闹的节日，才构成中国老百姓完整

---

[1] 刘小冬，苏洋. 打造中国科幻大片的视效景观——与视效主创谈《流浪地球》的特效创作与实现［J］. 电影艺术，2019（2）.

的人生时间，使人生因充满着期待、愉悦而显得非同寻常，比如"立春执鞭打牛""清明游春踏青""腊八赠粥""冬至拜谒""除夕一家老小围炉夜话守岁熬年"等。节日披上了鲜艳亮丽的外衣，在平淡和枯燥的生活中，亮出了一抹新奇，"在世代中国人的操持之下展示着和谐、圆融的审美趣味与天人合一、阴阳平衡的哲学思想"，教化着人们饮食起居、礼仪习俗、尊重自然、敬畏生命，还有齐家治国。"老去不自觉，岁除空一惊"（宋代苏辙《除夜》），虽然除夕让天增岁月人增寿，但也是匆匆一年已尽，感慨之余，更多的则是珍惜当下，让人生出彩。"命随年欲尽，身与世俱忘。无复屠苏梦，挑灯夜未央"（文天祥《除夜》）。面对人生最后一个除夕，诗人无所畏惧，只愿与家人共聚一堂把酒言欢，这种因亲情牵扯萌发的"脆弱"，更是柔中见刚，气宇轩昂……一首首节日诗词，一幅幅人生画卷，情意幽深，不仅体现出"文明以止，化成天下"的意蕴，更是浸润着中华民族的肌骨。①

61. 文化业务

【词条来源】 政府对文化的执行。

【定义描述】 文化业务是指政府或相关组织机构对其具体工作的描述，该业务能给人们提供恰当的文化产品，或对文化活动进行适当的监控，以使业务正常推动下去。也指政府相关文化管理部门对文化干部进行的文化素养培训，以增加他们的业务能力。

【内容概览】 文化干部常年处于文化事业建设一线，最了解民情，肩负着"向上传递民意，向下落实政策"的重要职责。各地文化部门

---

① 秦延安. 每一个节日，都是一场文化盛宴［N］. 西安日报，2019 – 02 – 22（012）.

近年来愈发重视基层文化队伍建设，面向基层文化干部开展的文化业务培训班、辅导班逐年增多。对文化干部而言，培训一方面能让自己跳出窠臼，站在更高层面审视既往业务；另一方面，在与专家、同行交流切磋中，可以掌握文化建设的新政策、新形势、新技能，以便更好地开展下一步的工作。① 文化业务培训的出发点和落脚点，在于取得实实在在的培训成效，更好地保障群众文化权益和福祉。在课程设置、授课施教、课堂纪律、效果考核等各方面不能走形式，注重学以致用，在思想认识上有提高、实际工作中有推动才好。

【适用范围】可用于政府的工作报告之中。

【案例呈现】近年来，各级文化部门的业务培训次数不断增加，内容也日趋丰富。这反映了文化建设如火如荼的可喜态势，但也暴露出一些问题，集中表现在部分培训缺乏创新，总是搞老一套，有流于形式之嫌。以某省近期搞的一场文化馆馆长业务培训为例。该培训规定时长为两天，内容包括开班仪式和三场讲座。讲座的内容不痛不痒，除了书本上常见的政策解读，便是所谓"专家"临场发挥、天马行空说几个段子。现代社会生活节奏加快，文化战线的工作人员都很忙。显然，花两天时间去外地参加一场这样的培训，效果不佳。②

62. 文化生活

【词条来源】出自徐银斋的《胡琴的风波》："为了广大社员过好文化生活，目前我们自己找点副业……以后再想别的办法吧。"

【定义描述】文艺理论术语。指有关政治、法律、教育、科学、道

① 芭蕉. 文化业务培训不能走过场 [N]. 中国文化报, 2017-05-22 (002).
② 清风. 文化业务培训莫流于形式 [N]. 中国文化报, 2018-07-26 (002).

德、文学、艺术、宗教等方面的活动，有时特指文艺、体育等娱乐活动。文化生活是以人民群众活动为主体，以自娱自教为主导，以满足自身精神生活需要为目的，以文化娱乐活动为主要内容的社会历史现象。

【内容概览】广义的文化生活与文化活动同义，狭义的文化生活主要指文化消费。文化生活受社会生活条件制约，不同时代、不同民族、不同社会集团有不同的文化生活方式，它通过不同的文化消费内容和文化消费形式体现出来。文化生活有质和量的规定性。文化生活质的规定性，是指人们以什么样的价值观念和生活态度对待文化消费，在文化消费过程中相互之间发生什么样的关系；文化生活量的规定性，则是指人们的文化生活水平。它可以用一系列数量指标来刻画。随着生产力的发展和社会的进步，文化生活在人们整个生活方式中所占的地位会越来越重要，发挥的作用也会越来越大。我国目前城乡生活方式的变化，正在呈现出这样的倾向。例如，据统计，我国职工家庭近年来工资收入中，用于购买生活必需品的费用仅增加50%，而用于购买文化娱乐用品的费用则增加一倍以上。

【适用范围】文化活动、文化组织。

【案例呈现】在群众文化的发展过程中，群众舞蹈艺术本身蕴含着一定的群众文化精神，因此群众舞蹈文化的发展实际上可以促进群众文化的传承和传播，进而全面提高群众文化的实际建设和发展效果。具体分析，我国群众舞蹈形式多种多样，不同民族形成的群众舞蹈形式存在一定的差异，并且主要内容也相对丰富，即使同样的歌舞种类，在不同社会因素的作用下也能够形成差异化的舞蹈形式，舞蹈风格和所蕴含的艺术内涵不尽相同。因此在发展群众舞蹈的过程中，不同地区的群众结合自身理解加强舞蹈艺术的建设，能够促使群众舞蹈的发展形成特色优势，并且在发展不同类型舞蹈艺术的基础上也能实现舞蹈文化的传承，借助群众舞蹈的力量为群众文化的建设和发展提供有效的支撑。①

63. 文化餐饮

【词条来源】《赵荣光食文化论集》中。

【定义描述】文化餐饮涉及食源的开发与利用、食具的运用与创新、食品的生产与消费、餐饮的服务与接待、餐饮业与食品业的经营与管理，以及饮食与国泰民安、饮食与人生境界的关系等，内容深厚广博。

【内容概览】文化餐饮在设计当中要注意两个元素的植入。一是色彩，色彩是空间中最具有情感化的元素，是人在空间中进行情感感知的形象的第一语言，在实用美术中有"远看色彩近看花，先看颜色后看花，七分颜色三分花"的说法，可见色彩是人利用视觉感知转换为情感化的语言。二是语言，语言是人类进行交流的基本载体，室内设计中的语言则是通过形式高度的概括以视觉的方式与人交流。

【适用范围】特色餐厅设计。

【案例呈现】例如，雷阳网红餐厅在色彩选择上，将雷阳地区贫瘠土地中裸露的砖红色运用在红砖墙面上，不加任何装饰，保留裸露的自然美。对于白色的珊瑚滩，以大量白色为沙滩，配以少量的黄蓝等颜色表现珊瑚海，经过倒立制作成顶棚的造型，当人们在倒立的珊

---

① 黄丽媛. 论群众舞蹈在文化生活中的重要性［J］. 北方音乐，2018，38（16）：241.

瑚滩下走过时，在一眼望不尽的珊瑚与沙滩色彩的感染下，空间营造出了独特的氛围。同时配以裸露的窗框，当人们在室内饮食之际，透过红砖墙上裸露的窗口观赏户外热带的绿色植被，在视觉中形成一道道亮丽的风景线，使人尽情享受雷阳文化的美景。雷阳网红餐厅利用雷阳文化中地道的自然色彩语言，勾起人们内心的真实情感，运用大自然的独特色彩形成视觉盛宴，使人陶醉在餐饮空间的设计中。①

64. 文化事件

【**词条来源**】引自中国新闻网和中央人民广播电台共同推出的"十大文化事件"评选。

【**定义描述**】文化事件是指引起广泛关注、对提升文化影响力起到正面推动作用、让公众意识到文化的力量的事件。

【**内容概览**】文化事件需要我们深刻反思，需要追根溯源，反思文化事件得以产生并持续发展的深层原因，即文化事件背后的群体心理。文化作为事件便会在网络、媒体引起巨大的舆论反响，在文化事件中，人们的态度会有赞颂，有批判，有质疑，有迎合，有盲目从众，也会有特立独行，但缺乏中肯客观的评价，致使网络暴力性质的口水战、骂战时有发生。

【**适用范围**】文化建设、文化传播等领域。

【**案例呈现**】"2010 年十大文化事件"之一的"羊羔体"事件。"羊羔体"事件的最初发生，应该是始于 2010 年 10 月 19 日下午 7 时，中国作协在官方网站公布了第五届鲁迅文学奖获奖名单，时任武汉市委常委、纪委书记的车延高凭借诗集《向往温暖》摘得诗歌奖桂冠。

---

① 陈巧任. 浅析雷阳文化在餐饮空间中的运用［J］. 艺术科技，2019（9）：197.

当晚 11 点 16 分，诗人陈维建在其新浪微博发表了《"梨花体"后"羊羔体"?》，转载了车延高的旧作《徐帆》；八分钟后又发表了《车延高的"羊羔体"诗会红》，转载了车延高另一篇旧作《刘亦菲》的部分内容。令人们始料未及的是，这两条内容简单的微博"一石激起千层浪"，在互联网界、学界甚至整个中国文坛都产生了不可估量的影响。第一篇微博被转发 5540 次，拥有 2491 条评论，而车延高的名字和以其名字谐音命名的"羊羔体"也因此火遍了大江南北。2010 年 10 月 20 日（即该事件发生后的第二天）下午，陈维建在微博发布不接受采访的声明。车延高也就该事件首次接受《潇湘晨报》的记者采访，称《徐帆》是自己 2010 年 9 月为《大武汉》杂志写的系列组诗《让荧屏漂亮的武汉女人》中的一首，包括《徐帆》《谢芳》和《刘亦菲》，这三首诗使用了一种"零度抒情"的手法，几乎没有掺杂主观因素，是自己"所追求写作风格当中的一种"和"写作的一种尝试"，并没有被收录进获奖诗集《向往温暖》。2010 年 10 月 22 日，在中国作协举行的鲁迅文学奖评奖新闻发布会上，中国作协书记处书记陈崎嵘也发声了，他表示"车延高获奖与身份无关"，用并未选入获奖诗集的"羊羔体"诗歌否定车延高获奖"有失公平与合理"。然而，事件的发展并没有停止，而是持续发酵。车延高火了，"羊羔体"火了，对"羊羔体"的追问、议论、批判甚至谩骂接踵而至，舆论焦点甚至延伸到了鲁迅文学奖。网友开始模仿"羊羔体"进行创作，有人甚至创作了一首题为《车延高》的诗。截至目前，车延高新浪博客的访问量高达 1059211 次，其中博文《让荧屏漂亮的武汉女人》的总阅读量高达 41201 次。① 在"羊羔体"事件中，有些人对"羊羔体"诗

---

① 史长源，庄桂成."羊羔体"文化事件还原名作欣赏［J］.2017（26）：71－73.

歌以及作者车延高持赞同态度，有些人则持反对观点，并对其背后的鲁迅文学奖及其评审展开质疑。"羊羔体"事件可谓是赞同与反对声音的一场交锋与争鸣。

65. 文化史学

【词条来源】 法国启蒙思想家伏尔泰的历史巨著《路易十四时代的历史》（完成于 1768 年）是世界上的第一部文化史专著。

【定义描述】 "文化史"亦称"文化史学"，也是史学的一个分支，它企图通过研究社会形式、符号、暗喻、时尚、思想方式来完整地论述人类的活动，包括文学的、美学的、智力的活动等，也包括政治的、社会的、经济的活动。也可以界说为许多不同时间所发生的文化事件整合而成的一种记述，构成此种记述的材料，则选自已知文化资料的整体中。历史编纂法决定了资料的选取，也提供了解释和整合的方案。

【内容概览】 （1）文化史的主要内容包括：不同代的不同地域、国家、民族的文化特征，各种文化的交融、流动过程及其因果关系，不同时期文化与社会其他方面的关系，文化在人类历史进程中的地位与作用等。按照不同的地域或国家，综合文化史区分为各种文化通史和断代史，如东方文化史、西方文化史、中国文化史等。按照文化的门类，文化史又区分为各种专门文化史，如语言文字史、社会思想史、典章制度史、学术思想史、哲学史、科学史、教育史、民俗史、宗教史、民族文化史、文学艺术史、民间文化史、文化事业史、体育运动史、古迹名胜史、文化交流史等。广义的文化史研究人类所创造的一切精神文化和物质文化的历史发展过程，它除包含上述一般意义的文化史外，还包含研究各种物质文化的专门史，如技术史、经济史、工业史、企业史、农业史、城市史、农村史等。（2）"文化史"这一概念，只有在方法学范畴之内才有意义，此一方法学有两个幅度，即采用历时态的方法，对人类学材料进行系统分析，从而使文化的演化过程得以显露，而静态的文化资料也得以概念化。历史编纂法也提供了许多方法，因此那些发现成为相关民族之真实而有用的历史配景，其结果使"文化史"成为人类学理论上具有独特而有用的一面，并供给社会人类学、文化心理学及其他在方法学上清楚而明晰的探究法，给予我们探求有关人类文化的答案。

【适用范围】文化历史研究。

【案例呈现】文化史学在近代中国的兴起是一项值得重视和反思的学术课题。文化史学的兴起历经三个阶段。20 世纪初，梁启超等发起"史界革命"，初步回答了什么是文明史的问题，中国人从此有了比较明确的文明史和文化史观念。20 年代，胡适、梁启超等探索如何研究文化史，发表了系列论述历史研究法的著作，从而使文化史研究有法可循。[①] 三四十年代，柳诒徵、陈登原、陈安仁、钱穆等撰写的综合性文化史著作出版，改变了中国"无史"（没有文化史）的状况。柳诒徵等人所取得的文化史研究成果，是文化史学在中国兴起的重要标志。思想观念、理论方法和学术实践不可能截然分开，但就大势和主流而言，这三个阶段基本反映了文化史学在近代中国兴起的过程及特征。[②]

---

① 钱穆．略论治史方法［M］．钱宾四先生全集：第 31 卷．台北：联经出版事业公司，1998：159.

② 张昭军．文化史学在近代中国的兴起史学史研究［J］．2018（3）：54－65.

66. 文化年轮

【词条来源】 源自高福进《文化年轮：关于中西文化的累积及比较》一文。

【定义描述】 指文化的缓慢积淀，积累久矣有如古树一般浓密而明显的年轮，凸显出较强的生命力。

【内容概览】 文化之树已被剖开，文化年轮得已展示：中华文化丛之辐射将势如滚滚洪流。闸门即将打开，障碍礁石将被剔除，文化传播之种子开始遍撒全球。中国文化有意识并且系统地被传播才刚刚起步，儒家文化与精神价值将会在异域异族展现熠熠光辉。

【适用范围】 文化传承、文化建设等领域。

【案例呈现】 中华文化年轮。如果说欧洲文化的积淀主要是中世纪千余年和近现代文化发展的结果，那么就中华民族文化而言，其年轮生成则在五千年以上。我们之所以泛泛描绘西方文化之生成历程，是为了更清楚地了解我国传统文化处在什么样的位置，又发展到何种高度。把我国文化用树木的年轮表示出来，其脉络更为清晰了。

中华文化之树，剖开后可显现四个清晰的年轮段：

（1）累积沉淀期（公元前 30 世纪至公元 14 世纪）。这一时期是中华文化形成、生长、发展及繁荣时期，有一个完整的历程，因而时间较长。这时期文化年轮显示了丰厚和浓密的特征。中华文化之树历经四千余年最终生长成一棵古老的参天巨树，其年轮自然完美、丰厚而清晰。至今，论及中国传统文化内容，实际上是这一时期所积淀的内容。

（2）撞击时期（公元 14 世纪至 19 世纪上半叶）。这一时期是西方传教士逐渐进入我国并传播西方文化的时期,中华文化由原先全方位影响和撞击异域文化到开始汲取(确切而言是被灌入)外来文化(主要是西方文化)。基督教文化由零星到大量进入中国,中西文化发生碰撞。在这几百年间,中华文化本身仍在累积、沉淀;文化之树还在生长,似乎没有受到任何阻碍,尽管这种文化积累多是对前古文化的总结和整理。在此应注意的是,中西文化的撞击由点到面,逐渐开始全方位地接触;而这种表层的撞击还形成了文化发展的两种轨迹——民族文化与外来文化的同时积累,所谓民族文化积成文化丛,外来文化形成文化流。①

(3)外来文化强输期(1840年至1949年)。这一时期中华民族文化的积累虽还有积淀,但已非主流。外来文化以直接或间接的方式强行灌输使得中西文化丛流有差别地增加。中华文化开始受到影响并发生剧变:新文化的形成反映了西方文化的全面而彻底的影响。

(4)当代时期(1949年至今)。这一时期为文化的互相渗透期。近半个世纪的文化发展是新中国文化年轮生长初步时期,短短的几十年文化积累反映出几个明显不同的阶段:开始是与以苏联为主的社会主义国家的文化交流;之后是"文化大革命"十多年的文化迟滞;接下来的改革开放便大量涌入西方文化及港台文化因素。总的来讲,文化的发展主要是以社会主义新文化特征为主的新内容,到了20世纪80年代以后,文化的发展与积淀是多层次多渠道的,同时也开始了全方位大规模的文化积累。②

---

① 文化学词典 [M].北京:中央民族学院出版社,1988:145.

② 高福进.文化年轮:关于中西文化的累积及比较 [J].上海交通大学学报(社会科学版),1997,9(1):80-84.

67. 文化衍生品

【**词条来源**】由金融衍生品概念发散而来。

【**定义描述**】指围绕某一种文化所开发制造出的一系列延伸可供售卖的服务或产品。

【**内容概览**】（1）依托其文化衍生品设计的开发，传统文化才能在新的时代背景下重新进入人们的视野和生活，才能使优秀的非物质文化遗产得到活的传承。因此应该深入挖掘传统技术与艺术特色，恰当地运用独特的艺术元素与符号，大胆地与当今时代文化背景及特征等结合，同时融合情感化的设计元素，设计更加贴近人们日常生活的创意作品，设计出更具多样性、创新性、兼顾审美和功能的产品，满足当代人们的审美情感和生活需求。[1]（2）文化产品是文化的重要载体，文化衍生品即以文化元素为创意基础，挖掘其潜在资源，研发周边产品，进而投入市场进行销售。文化衍生产品高附加值的特性，起到提高城市文化品位和文化形象的作用，而城市形象又是城市外在面貌与内在精神、历史文化与现实文化的真实体现。

【**适用范围**】文化商品、文化产业链等领域。

【**案例呈现**】动漫作品，尤其是经典动漫作品的推出，能够催生巨大的衍生产品市场。但一部成功的动漫作品只是衍生品经营的第一步，想要成功推入市场并获得盈利还需要适时的市场营销和推广。成功的衍生品营销推广在增加衍生品售卖利润的同时也必须反哺动漫作品，增加作品的知名度和美誉度，从而形成一个良性的产业链循环。

---

① 王志华，张愿愿. 衡水法帖拓印技艺的发展及文化衍生品的开发 [J]. 广东蚕业，2019，53（2）：135－136.

在第五季《小猪佩奇》上线后，《小猪佩奇》突然在相关自媒体和社交媒体圈火了起来。其中，在新浪微博上几乎70%左右的搜索人群为90后。作为一部学龄前动画片，却在成年人圈子里火起来，离不开《小猪佩奇》推广方的一系列二度创作。结合年轻人的社交习惯，品牌授权方Entertainment One公司（下称e One）推出《小猪佩奇》微信表情包，在年轻人圈子中深化了动漫品牌印象。同时，在动漫爱好者聚集的B站上通过方言版的小猪佩奇配音赢得网友们对于该动漫的关注，接着在国内火热的短视频平台抖音、快手上发布有关小猪佩奇的挑战话题，引发网友自动创作宣传动漫和周边产品，进而在抖音上掀起了一波带货狂潮。本是作为一部学龄前动画的《小猪佩奇》，在成年人圈子中喊出了"小猪佩奇身上纹，掌声送给社会人"的时髦标签，从而在成年人群体中彻底火了起来。因此，动漫企业在开发衍生品市场时，要开阔思路，根据泛二次元用户的个性特点，进行个性化营销。①

68. 文化精品

【词条来源】源自我国文化建设的"八大工程"。

【定义描述】文化中通过高度提炼出来的最纯粹的部分，通常指经典的文化作品、产品。

【内容概览】中华优秀传统文化博大精深，各地、各民族文化丰富多彩。新时代文艺创作必须坚持以人民为中心，不断提升文艺原创能力，深入生活、扎根人民，提取、融入本地文化精华，才能锻造出

---

① 郑敏. 动漫产业衍生品经营模式研究——以《小猪佩奇》为例［J］. 记者摇篮，2018（8）：101 - 103.

充分展示本土魅力、风采的作品，让带着温暖、力量的文艺作品如涓涓细流，满足人民群众日益增长的美好生活需要。① 精品之所以"精"，就在于其思想精深、艺术精湛、制作精良。精品缺乏、力作缺席的文化，必然只能处于"微笑曲线"的底端。百舸争流，奋楫者先。面对当今之世风起云涌的文化事业和文化产业发展大势，谁的优秀作品多，谁的实力就强，谁就能占据制高点。

【适用范围】文化商品、文化走出去领域。

【案例呈现】湖南文源深、文脉广、文气足，有培植经典的沃土，也有创造佳作的底气。历史上湖南文化曾经大放异彩，改革开放后相当长一段时间里，湖南文化艺术领域也是名家辈出、精品迭出，"文学湘军""戏剧湘军""出版湘军""歌坛湘女""电视湘军"一度蜚声国内外。像《雍正王朝》等影视作品、《走向世界丛书》等湘版图书，都产生了很好的社会反响，至今仍让人津津乐道。这几年，还创作了《县委大院》《绝对忠诚》《黑茶大业》等反映时代要求的新闻大片和《历代辞赋总汇》等文化经典，但总体上，过度娱乐化的倾向为不少专家和社会人士所诟病。②

69. 文化消费

【词条来源】源自皮埃尔·布迪厄的文化消费理论。1985年在全国消费经济研讨会上首次提出，1987年成为消费经济学关注的理论问题。

---

① 邓敏. 锻造本土文化精品 [J]. 当代广西，2018 (20)：3.
② 晨风. 让精品力作闪亮湖南的文化星空——二论进一步做强做优广电和出版湘军 [N]. 湖南日报，2018－08－14 (001).

【定义描述】指用文化产品或服务来满足人们精神需求的一种消费，主要包括教育、文化娱乐、体育健身、旅游观光等方面。"文化消费"不单指精神消费产品，还包括与之配套的消费工具和手段。"文化消费"是一个新兴的消费热点，主要包括娱乐影视、流行音乐、时尚报刊、时装表演和电脑游戏等。作为一种消费方式，其运行规律也同样受到市场规律的支配。

【内容概览】文化消费，就是通常所说的文化生活，它既是人们满足精神生活需要的过程，又是消耗文化消费品和劳务的过程。文化消费反映社会和民族的精神风貌，影响并推动人们的思想观念、价值标准、生活方式，是精神文明建设的重要方面。它在结构上分为知识性文化消费、娱乐性文化消费、闲暇性文化消费；在形式上丰富多彩，除了学校教育外，还包括购买书籍，看电视，听音乐，看电影戏剧，上舞厅茶座，看书画摄影展览，闲暇种花、养鸟、养鱼、钓鱼等，这些都是广义的文化消费。它在整个消费结构中的比重，随着生产力的发展和居民收入的增加而逐步增长，这种增长是消费结构从满足基本生活需要转向满足发展享受需要的重要标志。

【适用范围】文化商品与服务领域、文化生活、文化产品利用。

【案例呈现】剧院和文具的使用会造成剧院和文具的损耗，但是，美术和音乐的欣赏不导致美术作品和音乐作品的损失。精神产品的消费是文化消费的本质内容。对于精神产品来说，文化消费过程往往同时也是文化创造过程。人们对于文化产品的欣赏，常常会激发他们的创造力和灵感，使之作出新的文化贡献。文化消费是一种历史现象，不同的社会条件下具有不同的形式和内容。在阶级社会中，文化消费方式服从统治阶级的利益。文化消费的阶级性不仅表现在只有统治阶级的成员才拥有文化消费的客观条件，而且表现在整个文化消费领域都服从统治阶级的兴趣和愿望，只有统治阶级所需要的文化内容，才能得到大规模的生产。在社会主义条件下，文化消费权回到了人民手中，文化消费成为人民生活的有机组成部分。

70. 文化毒品

【词条来源】引自荆楚网《"文化毒品"侵扰武汉中小学 色情光碟敞着卖》。

【定义描述】指对人身心造成不良影响或危害的文化产品或服务，如色情、暴力刊物等。

【内容概览】文化毒品的危害更大，因为它腐蚀的是青少年的灵魂，由于网络毒品无孔不入，所以应该出台严厉的管控机制。

【适用范围】文化商品、文化建设等领域。

【案例呈现】网络互动直播自 2016 年以来呈现井喷式发展，2017 年至 2018 年网络淫秽互动直播层出不穷，像毒品一样腐蚀着青少年的心灵。从直播平台来看，多家网络互动直播平台涉嫌宣扬淫秽内容，涉黄直播平台广；从直播内容来看，"美女""秀""色"等具有窥私欲和荷尔蒙刺激的低俗元素，涉黄直播内容底线低，涉黄直播数量多，77.1% 的网民认为直播平台存在低俗内容，90.2% 的网民认为直播平台的整体价值观导向为一般或偏低；从直播者来看，涉黄主播群体范围广，甚至包括未成年人和在校大学生，如去年年末杭州某平台女大学生涉黄网络互动直播，不久前某平台母亲带未成年女儿进行淫秽直播。由此可见，网络淫秽互动直播的社会影响极其恶劣，对它的规制刻不容缓。①

71. 文化噱头

【词条来源】引自包头晚报《文化噱头背后的利益炒作》。

【定义描述】指一些为了引人发笑和关注而刻意为之的文化行为或产品。

【内容概览】形容某些人有能耐或善于耍花招，亦称穿着入时、打扮得漂亮为"有噱头"。文化噱头时常被人歪曲利用，有些人会通过引人发笑的话和举动来博眼球，因此要用正确的判断力来甄别。

【适用范围】文化建设、文化营销等领域。

【案例呈现】文化瑰宝岂容低俗噱头冒犯。近日，一则标题为《今天一帮人"逛窑子"是什么体验!》的文章在钦州本地微信上疯传。然而，该文章疯传不是因为文章内容让人拍案叫绝，而是因为标题太"扎眼"。这篇文章是公众号"钦州旅游"于6月6日推送的，当天我市举行了2019年文化和自然遗产日主题活动暨千年坭兴陶古龙窑火祭大典开幕式，很多市民和游客涌向钦江古龙窑，参加此次文化盛典。可是在推送活动文章时，"钦州旅游"却通过标题把这场盛典描述为"一帮人'逛窑子'"，这毫无美感和责任感的"双关语"引人不适。

自媒体时代也被称为"眼球经济"时代，关注度大于天，点击量是命脉。为了博取读者的关注，"标题党"们可谓无所不用其极，使一大批"辣眼睛"的文章充斥在网络上。随着法律法规逐步健全，网友文化修养提高，"标题党"们虽然有所收敛但仍未灭绝，他们经常

---

① 任娅婷，乔一丹，余薇莹，等．在刑法角度下对网络淫秽互动直播的规制与完善［J］．法制博览，2018（34）：80－81.

在底线上打"擦边球",这次的"逛窑子"就是如此。"逛窑子"这一封建残余词汇饱含低俗的性暗示意味,是早该剔除的糟粕,忽然"诈尸"让人难以容忍。①

72. 文化设施

【词条来源】引自文化部《文化建设"十一五"规划》。

【定义描述】指为文化活动的开展或进行而建设的设备或场所,如图书馆、博物馆等。文化设施是政府部门或社会力量为了展示、组织文化艺术活动而建设的具有一定场地、建筑物及附属设备的公共环境空间与活动场所。因此,文化设施除了具有一定的空间形态之外,相对于其他城市建筑而言,更具有精神层面的文化特质,亦符合现代城市景观的内涵与设计理念。②

【内容概览】指为发展文化事业,满足人民群众文化生活需要而建立起来的文化组织机构和相应设备。文化设施是受社会物质生活条件制约的。它的普及程度和发展水平,不仅是文化事业发展的标志,而且是社会物质文明发展的反映。在我国,文化设施的种类是多方面的,主要有:(1)用于开展文化教育活动的学校及其相关的管理机构和设备,包括大、中、小学和其他各类学校以及教育行政单位的设备、建筑物等;(2)科研机构和相应设备,包括各类科研院所、试验场地等,它是从事科学研究的必备条件;(3)文学艺术团体及相关组织机构和设备,包括文学艺术院、所和组织开展文化艺术活动的专业部门

---

① 江夏.文化瑰宝岂容低俗噱头冒犯[N].钦州日报,2019-06-12(002).
② 王玲玲.城市景观中文化设施的空间整合问题研究[J].产业与科技论坛,2018,17(23):266-267.

以及各种开展文化艺术活动的场所，如舞厅、剧院、电影院等；（4）新闻出版机构及其配套设施，包括新闻社、出版社、期刊社、印刷厂等新闻出版和印刷单位及相应的管理系统的各种设备；（5）广播电台、电视台以及与之相互配套的卫星广播电视、地面接收站、无线电广播站等；（6）卫生体育机构及其设备。包括医疗保健机构、体育馆、运动场等以及相应的卫生、体育器械；（7）文化馆、文化站、图书馆、博物馆、展览馆、纪念馆等为活跃文化生活而设立的文化事业机构及其设备；（8）群众业余文化活动的场所和设备。

【适用范围】文化建设、公共文化服务等领域。

【案例呈现】文化设施是开展文化活动的物质保障，承载着所处地区的生活和文化印记，往往会成为城市形象与风貌的重要标志。[1]文化设施大都属于政府财政预算投入，也包括社会自愿参与投入的具有文化服务功能的设施设备等，如由人民政府主管部门举办或者社会力量举办的，向公众开放用于开展文化体育活动的公益性的大型的图书馆、博物馆、纪念馆、美术馆、文化馆（站）、体育场（馆）等。我国 2006 年 9 月发布的《国家"十一五"时期文化发展规划纲要》就指出，要"完善公共文化设施网络布局。以大型公共文化设施为骨干，以社区和乡镇基层文化设施为基础，优先安排关系人民群众切身文化利益的设施建设，加强图书馆、博物馆、文化馆、美术馆、电台、电视台、广播电视发射转播台（站）、互联网公共信息服务点等公共文化基础设施建设"。

---

① 朱媛媛，杨毅，李俊杰，等. 武汉市公共文化服务设施的空间格局优化研究［J］. 华中师范大学学报（自然科学版），2017（4）：526–533.

四、组织类

73. 文化阶层

【词条来源】约翰·斯梅尔所著《中产阶级文化的起源》。

【定义描述】文化阶层是指从文化层面对阶层进行的划分，第一是群体文化（包括个体的心理素养），第二是类别文化（涉及人们不同性质的活动），第三是物质文化（对一定自然物的运用）。

【内容概览】随着时代的发展，文化阶层演化出了文化新阶层。文化新阶层中很多人士是在见证了许多发达国家文化产品的丰富、发现了我国文化产品的相对匮乏后，以"培养观众"为初心出现的。西方的实验文化作品是反对传统、反对商业出现的，而我国的先锋文化肩负着留住敏锐审美嗅觉的观众、避免多元文化市场进一步萎缩的使命，表现了文化新阶层人士在危机中艰难探寻当代文化出路的意图，是文化从业者留住观众的一种真诚的努力，也是文化新阶层人士的群体自救。文化领域新的社会阶层大多是具有一定特长的"小文青"，特别是新媒体从业人员作为多元信息的第一时间接触者，向公众展示的重大事件、关键信息与观念价值极大程度上影响大多数人尤其是年轻人的知悉判断，引导着社会舆论的风向。与此同时，越来越多的新的社会阶层人士媒体有意区别自身与传统文化领域人士媒体的态度，或是从"做更有态度的新闻"角度出发解读热点，或是为用户定制个性化的内容。反过来说，新媒体平台因其互动性特点鼓励每一个人成为新闻的生产者，因此他们实际上掌握着海量的社会思想动态，在话语权上有着后发优势。[①]

【适用范围】 可用于文化社会学的相关研究。

【案例呈现】 文化领域新的社会阶层中绝大多数持"价值多元"态度，在创作态度上坚持"文化多样"，认为中国的思想文化市场理应百花齐放，兼容并蓄，而不仅仅被某一种或几种文化和价值观占据垄断地位。一方面，他们强调建立风格鲜明的符号系统，认为具有一定的先锋性、批判性的思想有益于社会健康发展。目前该群体的主导价值观分为两种导向，其一是个体导向，或从主观的感性世界出发去表明自我态度，或利用新的形式架构去传达思想。如独立制片人、独立音乐人、自由创作画家、非遗传承人等创作的作品主要面向小众市场，原创性较高，极具个性风格。例如现代剧从高行健、林兆华（《绝对信号》，1982）开始，经过熊源伟、张献、孟京辉（《等待戈多》，1991）等，直到沈林、黄纪苏、张广天（《切·格瓦拉》，2000）等人成为中国当代戏剧的"先锋"和"前卫"的代表，他们致力于对戏剧表达艺术上的创新，而非意识形态上的反叛；另一种为市场导向，他们善于抓住市场偏好、引导流行趋势，如网络游戏公司、网络视听平台与网络直播平台。另一方面，文化新阶层人士的敏感度较高，他

---

① 李春玲. 新社会阶层的规模和构成特征——基于体制内外新中产的比较［N］. 中央社会主义学院学报，2017（4）：63 – 69.

们在从业过程中大多遇到过"内容监管"方面的问题，对于"红线"保持着较高的警惕。①

74. 文化组合机构

【词条来源】由吕庸厚编著的《组合机构设计》一书发散而来。

【定义描述】指将文化的几个基本机构连接起来，以实现单个机构难以实现的复杂运动规律、运动轨迹和特殊运动的不可拆机构。

【内容概览】像加拿大这样的国家是一个名副其实多族裔的多元文化国家，为了对多元文化进行科学管理，于是采用了组合机构的方式来对多元的文化进行统一协调和规划。

【适用范围】文化建设、文化整合与兼并等领域。

【案例呈现】具体来说，加拿大文化遗产部所制定的战略方针及政策主要依靠其下的诸多运行机构来贯彻推进，这些运行机构被统称为"组合机构"（Portfolio Organizations）。目前，"组合机构"包含了2个特殊执行机构（加拿大保存技术研究院和加拿大文化遗产信息网）、4个部门机构（加拿大广播电视委员会、加拿大图书馆与档案馆、国家战地委员会和国家电影委员会）、10个"皇家公司"（加拿大艺术委员会、加拿大科学技术博物馆、加拿大广播公司、加拿大人权博物馆、加拿大历史博物馆、加拿大21号码头移民博物馆、加拿大自然博物馆、国家艺术中心、加拿大国家美术馆、加拿大电视电影公司），以及1个行政法庭。②

---

① 廉思，周媛. 文化新阶层的群体特征、社会功能与发展趋势研究——基于北京、上海、成都三地的实证调研 [J]. 中国青年研究，2019（1）：93 - 99.
② 陆晓曦. 加拿大：多元文化主义框架下的文化管理体制与立法 [J]. 山东图书馆学刊，2015（6）：79.

75. 文化湘军

【词条来源】引自中国文化传媒网湖南频道文化湘军首页。

【定义描述】特指湖南蓬勃发展的文化产业和领域内众多的文化领军人物。

【内容概览】在外界普遍看来，"文化湘军"之所以能够取得今天的成就，是因为其起步早、力度大、发展快，走出了一条产业融合发展的新路子。如果从更深层次来观察"文化湘军"从崛起到如今勇立潮头的发展脉络，就不难发现其背后有着独特的精神特质与文化底色。[①]

【适用范围】文化建设、文化传播等领域。

【案例呈现】湖南文化改革发展起步较早，通过一系列卓有成效的改革，文化产业不断转型提质，产业增加值比重不断提升，连续多年进入全国十强。因此，湖南素有"文化强省"的美誉，广电湘军、出版湘军、动漫湘军、演艺湘军等都已闻名全国。如今湖南文化产业的发展站在新一轮改革发展的起跑线上，面对经济发展的新常态和国家实施"一带一路"建设以及湖南"一带一部"的新定位，必将存在更多新的机遇与发展空间。[②]

76. 文化群体

【词条来源】引自石彦陶《陶澍文化群体研究刍议》。

---

① 王锋. 创新无限的"文化湘军"凭什么 [N]. 湖南日报, 2017 - 05 - 13 (003).

② 蒋浩, 易月. 交行签订 800 亿元大单支持湖南文化产业 [J]. 金融经济, 2017 (3): 70.

【定义描述】文化群体是携带某种文化基因和特征的人或群体，具有流动性特质，群体内部有着共同的文化信仰和语言。[①]

【内容概览】以一种文化价值体系为共同行为模式的人的集合体。如民族、阶级、学派等。文化群体分类极为复杂，往往概念交叉，或层层隶属。可根据研究实际进行不同划分，但必须遵循共同文化价值体系这一根本标准。

【适用范围】文化传播、文化分类等领域。

【案例呈现】以黄梅戏文化群体为例，这个文化群体主要有剧团、戏迷和戏迷协会三个群体。(1) 剧团。剧团是戏曲创新、制作、排练、演出的职业化团体，在空间上是相对固定的中心地，是"具有文化特征的人的群体"，在周边能形成自己的服务市场。剧团中的戏曲演员是戏曲文化中"具有文化特征的人"，是戏曲事业传承和创新的核心和精神支柱。剧团分为专业剧团和民营剧团，专业剧团具有文化创新能力，不断改编、创作剧目，而民营剧团不具备创新能力，直接把专业剧团的成果加以复制，临时搭班演出，[②] 所以专业剧团是戏曲文化传播和扩散的源头，选择专业剧团演绎黄梅戏文化的时空变迁更具有代表性和说服力。剧团和演员是文化扩散的源头，哪里有观众市场，剧团便能生存下去，反之剧团所在之处就是戏曲文化的流行区。(2) 戏迷。戏迷是戏曲的忠实粉丝和观众，是戏曲流布和演绎下去的重要群众基础。随着社会的发展，戏曲与电影传媒、互联网等的结合，戏迷群体的分布开始打破地域空间距离的限制，逐渐脱离文化核心区，

---

① Efferson C, Lalive R, Fehr E. The Coevolution of ltural Groups and Ingroup Cu Favoritism [J]. Science, 2008, 321 (5897): 1844 – 1849.

② 夏玢. 地理环境对黄梅戏影响的初步探究 [J]. 云南地理环境研究, 2006, 18 (2): 107 – 110.

进入新的文化土壤。（3）戏迷协会。为了加强各区域或城市内黄梅戏戏迷之间的学习与交流，自发成立的黄梅戏戏迷俱乐部或戏迷协会散落在异地他乡，以戏会友，增强戏迷对黄梅戏文化的依恋和认同感。因此，戏迷数据也是反应黄梅戏扩散范围和影响力的重要资料，可从戏曲视角透视人口空间流动的趋势。①

77. 文化产业人才

【词条来源】源自十七届六中全会胡锦涛的讲话。

【定义描述】指有较高的文化素养或从事文化相关工作的人才。

【内容概览】（1）文化产业人才培训是提升文化产业人才质态、提高人才使用效能的重要手段和途径。在诸多学者看来，中国文化产业发展是一次"急行军"，文化产业人才培训作为文化人才队伍建设的一环，能够"最快"应对着中国文化产业从"无"到"有"的理论和实践教育。中国文化产业在国民经济体系序列当中越来越重要，文化产业自身的发展、增长方式调整引发了一系列转变，当下集中表现为新时代提质增效对高质量人才的前所未有的关注。这一趋势随着全球竞争力对人才的聚焦以及国内城市对人才争夺战的展开得以进一步确认。而这也构成了当前文化产业人才培训的基本情境。这一情境较之以往最大的不同则在于，文化产业人才培训不仅成为解决文化产业人才紧缺、能力不足的重要手段和模式，更因知识付费领域延伸的市场空间以及所引发的关联带动效应而成为潜在的"风口"。② （2）

---

① 秦东丽，丁正山，沈一忱，陈屹德. 黄梅戏文化群体空间结构及变迁机制［J］. 资源开发与市场，2019，35（5）：678－683.

② 胡晶晶. 文化产业人才培训的逻辑演进与高质量转型发展［J］. 山西师大学报（社会科学版），2019，46（4）：107－112.

事实上，文化产业人才培训是一个颇具"中国特色"的研究议题，党政部门始终是其中重要的参与者。党的十八大以后，在"文化强系列"以及国民经济支柱性产业之目标设置之下，文化产业作为"服务于促进文化建设和文化发展的重要通道"掀起了新一轮的"文化建设锦标赛"。① 不同于单一 GDP 占比竞赛，文化建设锦标赛更侧重于文化产业人才、资本、创新等"内生动力"的可持续性和支撑性，文化产业人才培训更是被纳入地方政府的竞争之中。

【适用范围】文化建设、人才队伍建设等领域。

【案例呈现】中国特色社会主义新时代正全面开启。文化产业人才培训应充分把握住这个重要的战略机遇，重新挖掘培训在文化产业转型、人才高水平发展、价值支撑等方面的比较优势，提升文化产业人才培训的战略定位。高质量人才支撑作为文化产业人才培训新的共识，也激发了我们更多的思考：高质量人才支撑下的文化产业人才培训需要党和政府承担更多责任，但更强调秩序逻辑下的意识形态自律。对文化产业人才培训而言，意识形态自律即体现为主流意识形态对其影响、介入文化产业人才培训的空间做出自觉认识，"对极端意识形态和意识形态性的庸俗化泛滥保持高度的警惕和预案处置姿态"。②

78. 文化产业协会

【词条来源】由较早（1994 年）成立的中国文化信息协会延伸

---

① 李敢.文化产业与地方政府行动逻辑变迁——基于 Z 省 H 市的调查［J］.社会学研究，2017（4）.
② 王列生.论构建公共文化服务体系的意识形态前置［J］.文艺理论与批评，2007（2）.

而来。

【定义描述】指由个人、单个组织为达到某种目标，通过签署协议，自愿组成的有关文化的团体或组织。

【内容概览】中国文化产业协会成立于 2013 年 6 月 29 日，是经国务院批准、民政部登记的全国性社会团体，是文化产业领域的国家级协会。协会会员均为国内优秀的文化企、事业单位，如清华大学国家文化产业研究中心、中国科技大学、中国对外文化集团、阿里巴巴、盛大网络、恒大集团、深圳腾讯、北京银行等，这些企业遍布演艺娱乐、电子商务、网络文化、动漫游戏、影视传媒、工艺美术、文化旅游、文化金融等文化领域，有着很强的影响力和引领示范作用。

【适用范围】文化行业、文化组织等领域。

【案例呈现】中国文化产业协会以发展中国文化产业、提升中国文化软实力、推动中国文化走向世界为己任，以"搭建平台、提供服务、统筹协调、创新发展"为宗旨，以建设成为文化领域的国际知名社会组织为要求，着力建设跨政、商、学界的交流平台，通过发展国际传播、交流合作、产业研究、文化金融、产业投资、实体运作六大核心业务，形成相互联系、相互激发、相互促进的发展格局。

79. 文化本体

【词条来源】本体（Ontology）最早出现于 17 世纪，原是一个哲学的概念，表示客观事物存在的本质和组成，是对任何领域内的真实存在所做出的客观描述。文化本体引自谢选骏的《荒漠·甘泉——文化本体论》。

【定义描述】指在文化中的事物的主体或自身，事物的来源或根源。

【内容概览】文化本体是一个较为抽象的概念，比如日本文化对外传播过程中，十分重视文化元素的本体呈现。日本的汽车文化传播与我国明显不同：我国强调展现社会发展的成就，将汽车作为一个代表元素；日本则重视体现汽车的本体价值，强调汽车的实用性，如汽车油耗低、寿命长等。这一战略的特点在于，文化本体成为宣传工具、载体，可以不生硬地使文化得到受众认同。①

【适用范围】文化研究、文化建设等领域。

【案例呈现】确立旅游特色小镇的发展目标，这也是文化本体建设的灵魂。因此，需要结合本体特色小镇自然、区位、地理空间，合理规划，科学布局，梳理地域历史文化脉络资源，融入现代旅游业生态环境，特别是在文化遗址、非遗文化体验等方面，应该成为特色小镇文化建设的重要核心，展现特色文化的历史、艺术、社会、生态、美学价值。例如，浙江丽水莲都古堰画乡小镇，以全国重点文物保护单位通济堰和历史文化村落为小镇建设的核心区域，修建古堰公园式步行街展现古堰画乡的文化特质。再如，杭州上城南宋皇城小镇，集聚中医药、特色美食、制作技艺等各级各类非遗项目40多个，汇集国家及省区市各级非遗传承人50多位，成为杭州非物质文化遗产保护、传承和体验集聚区。② 这些特色小镇的文化本体建设思路都可以作为其他特色小镇打造自身文化品牌的经验借鉴。

---

① 李焕超，牛立忠. 日本文化对外传播的战略与启示［J］. 国际公关，2019（5）：224.

② 朱凤贺，李峥，张霞. 旅游特色小镇文化建设研究［J］. 旅游纵览（下半月），2018（9）：94.

80. 文化客体

【词条来源】文化客体引自朱世瑞《主体文化与客体文化的跨文化交流》一文。

【定义描述】指在文化中可感知或可想象到的任何事物。

【内容概览】太田好信基于建构主义的方法论，在 1993 年、1998年通过对旅游问题的研究提出了"文化的客体化"这个概念，他认为"文化是被对象化、被客体化、被操作的事物"①。

【适用范围】文化研究、文化传播等领域。

【案例呈现】自然旅游客体附会文化的"形"，也就是景区、景点实体的"形"，这个实体是大自然的实体，它本身是没有文化内涵的。它的文化的"形"，是经过人们对其探索、认知、想象、策划、设计、认同后，才形成的"形"。即提供了游客在旅游过程中，可供游览、观赏自然旅游客体附会文化外在形式韵律美的"形"。自然旅游客体附会文化的"意"，是指自然旅游客体结构内，隐含的又经过"人化"了的无形底蕴美的"意"，是心物感应的"人化"的"意"，也是经过人们对其探索、认知、想象、策划、设计、认同后，才形成的"意"。即提供了游客在旅游过程中，可供游览、观赏自然旅游客体附会文化内在底蕴美的"意"。"形"与"意"是紧密相连的，"意"随"形"现，"形"随"意"存，"意"是"形"的灵魂，"形"是"意"的载体。"意"是"形"的内在文化底蕴，"形"是"意"的外在文化形式韵律。"意"与"形"是统一的，旅游自然客体文化的

---

① ［日］岩本通弥. 以"民俗"为研究对象即为民俗学吗——为什么民俗学疏离了"近代"［J］. 宫岛琴美，译. 文化遗产，2008（2）.

"形"，凝聚着策划者与欣赏者的"意"。①

81. 文化精英

【词条来源】引自邹广文2001年对精英文化概念的理解。

【定义描述】指文化领域中有突出成绩和社会影响力的优秀人物。

【内容概览】文化精英具有较强的文化能力，担负着继承和发展文化事业的重要使命，是知识分子队伍中的精华和优秀代表，其价值观有自身的突出特点，在社会主义核心价值观内化中具有与其他社会群体不同的特殊作用和实践路径。文化精英作为社会主义核心价值观的领航者，必须不断培养自己的文化能力，不断提升自己的高尚人格和精神追求，"要用丰富多样的手段让人们感受到社会主义核心价值观的感召力，积极发挥社会主义核心价值观的导向作用"②，从而切实把握好社会主义价值文化发展的风向标。

【适用范围】文化建设、文化人才等领域。

【案例呈现】我国文化精英很多，不一一列举，但是文化精英是文化发展领域的优秀人物，其价值观具有自身的突出特点。当代文化精英作为中国特色社会主义文化建设的重要力量，既要成为社会主义核心价值观内化的重要阐释者，也应成为社会主义核心价值观内化的引领者、示范者和推动者。同时，文化精英还要从自身特点出发，坚持与时俱进，加强内化社会主义核心价值观的理论探索；密切联系群众，培养内化对社会主义核心价值观的深厚情感；坚定理想信念，磨

---

① 孙琳，刘敦荣，刘英.旅游自然客体附会文化及其"形"和"意"[J].旅游纵览（下半月），2014（3）：53.
② 刘顿.现代性视域下：社会主义核心价值观科学内涵的三维呈现[J]，湖南社会科学，2016（3）.

炼内化社会主义核心价值观的坚强意志；切实身体力行，加强内化社会主义核心价值观的行为实践。①

82. 文化适应

【词条来源】赫斯考维兹 1948 年首创了这个术语，它是指把个人培养成其文化或社会成员的过程，比如，如何通过最宽泛的可能意义上的教育，使个体获得一种文化上的适应。所以，这个概念与社会化的概念很接近，多用于社会学和发展心理学。

【定义描述】模式和价值取向不同的文化，通过相互联系与接触，从而改变原来文化模式的过程。由于适应程度的不同，一般又表现为两种不同的形式：涵化（acculturation），即在接触过程中，互相吸收对方文化要素的过程；同化（assimilation），即对所获得的信息进行转换，使它更符合现有的认知方式。

【内容概览】根据文化适应理论，中国影视文化在对外传播过程中，必须加强自身与不同文化的适应程度，传承发展具有中国文化主体性的传统文化。② 文化适应作为文化人类学的常用名词，通过一个文化元素对另外一些文化元素或一个文化丛所起的调适作用，文化适应可以看作是文化涵化的一种结果，即缀合原有的和外来的文化元素，使之成为一个和谐的整体，或抑制其冲突，使之相调和。文化适应一般伴随着文化元素的变化或变异。

【适用范围】文化环境、文化传播。

---

① 彭忠信，曹健华. 文化精英在内化社会主义核心价值观中的作用与路径［J］. 湖湘论坛，2016（6）：20 - 23.
② 阴艳，付妍妍. 文化适应框架：中国影视文化在韩国传播的有效路径［J］. 传媒，2019（12）：20 - 22.

【案例呈现】（1）从一种文化背景中的民族生活转入另一种文化背景中的民族生活时对新的生活环境的适应。例如，某些民族班的学员从本民族聚居区来到北京、上海等大城市学习，都要经历一个或长或短的文化适应过程，少则一年半载，多则数年，因个体的适应能力而异。移民、留学生或侨民归国定居也要经历一个文化适应过程。广义而言，也指从一种社会环境进入另一种新的社会环境时对新的社会生活的适应。例如，在同一个民族的范围内，从农村转入城市上学或工作，或从城市转入农村生活，从学校毕业进入社会，也都存在文化适应问题。所谓"入乡随俗"，也就是文化适应的一种表现。（2）不同的文化经过长期的接触、联系、调整而改变原来的性质、模式的过程。如印度佛教文化传入中国，受中国文化影响，改变了它原来的性质，产生了中国佛教文化模式，就是适应中国文化需要所发生的变化。文化需要有时并不是单方面的，而是一个相互的过程。如中国文化传入日本后，一方面是中国文化要适应日本文化，另一方面也存在着日本文化适应中国文化问题。所以，文化适应是不同文化相互作用、相互影响、相互吸收的过程。它一方面失去了一些文化特质，另一方面又获得了一些文化特质，双方在交互作用中，不断发生变化。

83. 文化代沟

【词条来源】"代沟"指两代人之间在思想、价值观念、行为方式、生活态度以及兴趣、爱好等方面的差异、对立和冲突。美国人类学家玛格丽特·米德首先创用该术语，并在《文化与承诺——一项有关代沟问题的研究》（1970 年）中，从整个人类文化史角度，提出了纷呈于当今世界的代沟既不能归咎于社会和政治方面的差异，更不能归咎于生物学上的差异，而首先导源于文化传递的差异的思想。

【定义描述】文化代沟，一般出现在海归家庭或者移民家庭，由于东方传统文化与西方文化不同，语言不同等因素所造成。

【内容概览】文化代沟是同一时代因为相同的文化和社会境遇而持有大致相近的价值观与文化行为，而不同时代之间则存在明显的差异。因此，每个人在成长的过程中都会有不同时期的代沟。

【适用范围】主要指代民族文化或时代文化之间的差异性造成的家族成员之间存在的交流与理解方面的鸿沟。

【案例呈现】"一代人有一代人的歌"就是对"文化代沟"最简明的表述。但是，歌众却有个奇怪的现象，就是积极唱歌主要发生在青春期，此后接受新歌的能力和欲望就渐渐消退，于是形成了同处一个文化中，而有清晰明显的"音乐代际"的奇特现象。

例如，现今90多岁的人（出生于1925年左右，青年时代在1945年前后），在与同代朋友聚会时，一旦酒酣耳热唱起歌来，或是夜半无人独自哼唱时，就会选择《团结就是力量》《五月的鲜花》。现今80多岁的人（出生于1935年左右，青年时代在1955年前后），则很可能唱《全世界人民心一条》《歌唱二郎山》《我是一个兵》。现今70多岁的人（出生于1945年左右，青年时代在1965年前后），则很可能唱《洪湖水浪打浪》《红军不怕远征难》《水调歌头》等。现今60多岁的人（出生于1955年左右，青年时代在1975年左右），很可能会唱起样板戏和语录歌，这一代人可能是音乐语汇最贫乏的一代。现今50多岁的人（出生于1965年左右，青年时代在1995年前后），则熟悉邓丽君唱过的旧歌，如《何日君再来》《夜来香》《血染的风采》《绿岛小夜曲》等。现今40多岁的人（出生于1975年左右，青年时代在 1995 年前后），则熟悉罗大佑的《恋曲 1990》、齐秦的《外面的世界很精彩》、王菲的《思念》等。这一代人几乎都在卡拉 OK 机前面度过青春时光。现今 30 多岁的人，则可能比较熟悉周杰伦的《双节棍》、蔡依林的《爱情三十六计》。而今日的更年轻的少男少女，又有属于他们的无穷新歌，比如 TFboys 的《青春修炼手册》等。①

84. 文化断层

【定义描述】 文化断层是指在历史长河中由于政治、经济、体制等变更导致的文化继承前后不衔接。文化的历史一般分为生成期、成长期、稳定期、衰落期。不同文化之间会产生碰撞，温和的碰撞对双方文化都有利，而激烈的碰撞则对双方文化产生极大的危害，特别激烈的碰撞会导致某段文化的断层。② 文化的不继承、私有制及惰性造成了文化中断现象，导致期望的文化准则和价值观与现实的文化准则和价值观之间存在差异。

【内容概览】 文化断层是文化系统中某种或某些传统文化特质传播中断的处所，它是现代文化观念与传统文化观念剧烈冲突所导致的文化断裂在空间上的显示或分布。包括：（1）地域文化断层：某种传统文化成分断裂在地域上的分布范围，如某些抢婚、走婚、多偶婚等原始婚姻制度在中国绝大部分地区的传播中断，仅保留在某些少数民族居住的偏狭地区。（2）年龄文化断层：某种文化断裂在一定年龄范围内的人群（以青年为主）中的体现，如"好古""重统"意识在大

---

① 陆正兰. 音乐传播中的"文化代沟"及"文化反哺"［J］. 重庆广播电视大学学报，2018，30（3）：8 – 14.
② 矫松阳. 文化断层与道德冷漠［J］. 哲学理论，2018（1）：180 – 182.

多数青年人中已经消失。(3) 群类文化断层：某一文化断裂在一些文化群体中的分布，如迷信思想在科技工作者中的消失。上述三种文化断层的区分是相对的，在实际的文化断层上，往往可以看到这几种断层的交叠。文化断层现象是大多数国家遇到的一个共性问题，任何一个古老的民族都曾遇到过文化断层这一问题，而且越是拥有悠久历史文化的民族，遭遇的文化断层问题越是严重。其实文化从古至今的发展都是一个连续性与不连续性同时存在的过程。文化断层同样是文化史的一部分，它更像我们所遗失的一个个瑰丽碎片，与连续的文化发展同为文化史的一部分。文化史的发展是必然存在一定规律的，所以文化断层的发展也是具有一定规律可循的，越是年代久远的文化其断层烈度越大密度越高，而对于现代的文化其断层的烈度与密度就小了很多，即使如此，仍旧令人遗憾惋惜。[①] 文化的连续性发展和非连续性发展都是客观存在的，文化的非连续性发展即为文化断层。

【适用范围】多用于形容意识形态发生了变化，原有文化没有继续被统治主体继承。

【案例呈现】自"黄帝垂衣裳而天下治"是生成期；春秋战国是成长期，秦汉三国是稳定期，明朝末期是衰落期，至明朝灭亡时便产生了一个明显的文化断层时期。近年来人们提到的中国文化断裂层，主要有两个时期：一个是明末时期的"反儒文化断层"，另一个则是"五四"新文化运动追求民主与自由以来我国文化上存在的"断裂层"。纵观我国几千年来的历史，寻找对比历史上相似时期的时间轴，文化发展呈现出一种不连续式的波动发展，混乱的时期往往持续百年

---

① 李树翠. 民族教育中的文化断层与对策研究 [J]. 宿州教育学院学报, 2017, 20 (3): 26 – 27.

以上，然后才是逐渐沉淀稳定的过程。例如明朝开始的中央集权，割裂了中国历史上君权与相权的制衡；清朝开始割裂了汉族地位的崇高性；清末民初开始的新文化运动，割裂了以科举为中心的传统的儒学体系；民本主义思潮割裂了君权天授的传统思想；土地政策割裂了传统的宗族思想与基本经济体系；等等。

第二部分 02

精神文化

一、现象类

85. 文化约束

【词条来源】文化约束最初的使用是在哲学、心理学中，然后使用在社会学中并发生了意义的转换。

【定义描述】文化约束，指的是不同地域之间的相互交往和认同受到地方信仰、习俗、习惯、价值观等文化因素的约束。在哲学之外，文化约束是指个人与他人、群体在感情上、心理上趋同过程，也即社会群体成员在认识或感情上的同化过程。在个体层面，文化约束是指个人对自我的社会身份的理性确认，是个体社会行为的持久动力；在社会层面，文化约束是指社会共同体成员对自己所属群体的信仰和情感的共有与分享。因为，无论是个体还是社会成员都是在一定的文化氛围中存在和生活的。

【内容概览】（1）如果双方或多方在一些问题上不能达成某种共识，特别是文化价值共识，相互之间就很难顺畅交往。（2）由于地方知识的贫瘠，尤其是对地方宗教信仰、风俗习惯、价值观念等了解不足的情况下，想问题、办事情全凭本土经验，缺乏与当地群众的深入交流，也会出现文化约束。（3）各区域的发展阶段不尽相同，并拥有不同的管理制度、文化传统及审美情趣，想要寻找共同文化内容的根基并不容易。这种"共性文化"的不足就会造成区域文化交流不畅，"共性文化"的缺失，从而更有可能引发文化约束不断出现。（4）文化约束是一种较长期的感情附着或归属。文化约束是一个地域的成员相互之间包含着情感和态度的一种特殊认知，是将他人和自我认知为同一地域的成员的认识。文化约束表现为对本地域长期历史发展中形成的优秀文化传统的坚守和维护，并为此付出了强烈的感情依赖。①

【适用范围】企业、哲学、心理学。

【案例呈现】文化约束特征的存在导致了中国的家族企业同西方发达国家的家族企业之间存在巨大差异。一是中国的家族企业随着创业者的离开而难以持续发展。研究中国家族企业史的学者发现，至少有80%的家族企业在第二代手中完结，只有13%的家族企业成功地被第三代继承。二是中国的家族企业寿命较短。综观全世界的家族企业，平均寿命是20～30年，而中国的家族企业的寿命只有七八年。全国每年新生15万家民营企业，但同时每年又死亡10万多家；民营企业有60%在5年内破产，有85%在10年内死亡。过短的寿命不仅导致华人企业很少有世界知名品牌，同时也形成了中国以及华人家族企业不断产生、繁荣、消亡的过程。三是中国家族企业成功实现向现代企业制度转型的很少，而国外的许多家族企业能够持续地成长为社会化的公众型的公司，如美国的埃克森公司、福特公司、杜邦公司、摩根公司、

---

① 姜莉. 文化约束与经济主体空间经济行为选择模式研究［J］. 商业经济，2011（2）：87.

沃尔玛公司、通用汽车公司等。①

86. 文化冲击

【词条来源】社会学家卡勒富·奥博（Kalervo Oberg）在 1960 年提出"文化冲击"（Culture shock）一词，用来指当一个人进入一个新的文化环境时可能产生的混乱与迷失。② 一般情况下，当人们从自己熟悉的文化进入另一个新的、不同的文化中的时候，都会经历这种文化冲击。

【定义描述】文化冲击指某个个体，从其固有的文化环境中移居到一个新的文化环境中所产生的文化上的不适应，文化冲击可以是多方面的，包括气候、饮食、语言、服饰等。

【内容概览】"文化冲击"是一种常见的现象，具体就是指一个人从一个国家进入另一个国家时，由于文化环境的不同，会产生一定的迷茫、不知所措以及情绪紧张等心理。"文化冲击"并不是一个异常的现象，这一心理在每个进入不同的国家环境中的人身上都会发生，但这一心理会对海外项目管理人员的工作造成极大的影响。如果他们管理不好自己的这一心理，就会在工作过程中达不到预期的效果，严重的话，还会产生负面影响。如果能够将这种现象管理好，则可以使"冲击"转变为"动力"，为取得更好的工作成绩打下基础。③ 文化冲

---

① 高波. 中国家族企业的成长：文化约束与文化创新［J］. 南京社会科学，2005（3）：32－39.

② Adrian Furnham, Stephen Bochner. Culture Shock：Psychological Reactions to Unfamiliar Environments［M］. London and New York：Methuen&Co. Ltd. ，1986：47－48.

③ 王旭. 海外项目管理中的"文化冲击"周期及管理措施探讨［J］. 现代营销（信息版），2019（3）：110.

击的发生有四个阶段。① 第一阶段，迷惑期。身处新的文化，接触其中的人，主体感到着迷甚至陶醉。第二阶段，危机期。这时，主体自身的文化和新文化之间的差异产生了一些麻烦，挫败感和不适感开始突出。这个阶段，主体真正感受到了文化冲击。第三阶段，恢复期。主体通过学习新环境中的语言和文化，获得了有效的交流技巧，不适感渐渐消失。第四阶段，调整期。主体适应并且开始享受新的文化和新的经历。

【适用范围】主要用于描述外来文化侵袭对本国造成的影响。

【案例呈现】美剧《尼基塔》第一季讲述的是女囚尼基塔被美国一个秘密特工组织营救并训练成杀手后，因不满组织的行为而逃离，又想方设法安插一个内应艾历克丝，经过多次较量，终于扳倒组织头目珀西的故事。其中艾历克丝出身俄罗斯贵族，是垄断巨头泽特洛夫的独生女儿。后来家庭遭到特工组织的袭击，艾历克丝眼见父亲被杀，自己又被人贩子辗转贩卖，她沦落成吸毒分子。尼基塔把她救出，经过简短训练，设法让她打入自己叛逃的特工组织做内应。面对这一特殊组织，艾历克丝经历了巨大的文化冲击。②

87. 文化民主

【词条来源】马克思号召广大民众要积极参与文化民主管理，他在《哥达纲领批判》中强调，巴黎公社颁布实行明确的法令规定教育

---

① Oberg. K.. Cultural shock: Adjustment to new cultural environments [J]. Practical Anthropology, 1960 (7): 177 – 182.

② 李先国. 文化冲击的客观原因、过程与应对——以美剧《尼基塔》为例 [J]. 绍兴文理学院学报 (哲学社会学), 2016, 36 (6): 31 – 36.

权由社会直接行使。① 马克思期望无产阶级在取得革命胜利后制定并实施体现无产阶级及广大人民意志的法律制度，对各项公民权利包括文化民主权利进行全面保护。

【定义描述】文化民主是指在选择文化产品时，人人享有自由选择的权利，其包括两个层次，一是公民有享有公共文化事业的权利，二是有权自由进行文化消费。

【内容概览】文化民主是无产阶级及广大人民群众实现政治解放和精神解放的重要内容。马克思、恩格斯的文化民主思想揭示了争取文化民主的政治保证、重要内容、主体力量、重要保障等问题，成为党的文化民主思想创新发展的理论基础。中国共产党的历代领导人不断创新发展马克思恩格斯的文化民主思想。党的十八大以来，以习近平同志为核心的党中央进一步创新发展文化民主思想，不断实现人民群众在文化领域内的当家作主，坚持和发展中国特色社会主义。②

【适用范围】可用于政策性文件的相关描述。

【案例呈现】文化民主的推进不仅重视民众在享受文化成果、文化创作、文化活动中的民主，同时重视民众在文化决策管理、文化生产经营中的民主。在文化决策中，完善公共文化决策社会公示、公众听证、专家咨询论证制度，推进政府与社会协商对话，培育参与性公民文化，采取多种形式包括运用现代信息技术手段更多倾听和采纳群众、社会各界的意见和要求。在文化管理中，引导和动员群众主动积极参与文化事务管理和监督，"推动公共图书馆、博物馆、文化馆、

---

① 中共中央马克思恩格斯著作编译局. 马克思恩格斯文集：第1卷［M］. 北京：人民出版社，2009：11 - 15.

② 杨建春. 论党的文化民主思想的创新发展［J］. 佳木斯职业学院学报，2019（1）：36 - 38.

科技馆等组建理事会，吸纳有关方面代表、专业人士、各界群众参与管理"。通过群策群力提高文化资源的利用效率。在文化评价中，完善文化产品和服务评价体系，建立和完备群众评价和反馈机制，构建科学、有效的评价标准。在文化生产经营中，依靠社会力量共同生产经营，构建各种经济成分共同发展的文化生产经营格局。在公共文化服务体系建设和经营中，"引入竞争机制，推动公共文化服务社会发展。鼓励社会力量、社会资本参与公共文化服务体系建设，培育文化非营利组织"，形成全民共推文化改革发展的良好局面。

88. 文化激发

【定义描述】文化激发是指以文化为手段，激发某人或某群体达到一定目的，特别是在中国力争使文化产业成为国民支柱产业的当下，以文化产品的创造、制造、消费来提升国民生产总值（GDP）是一种新的手段。

【内容概览】在充分激发文化内生动力的同时，要积极利用科技创新等外部动力。一是要用好政策红利，通过紧盯国家传统文化乃至文化领域传承、创新政策，积极引导传统文化传承创新主体，把握政策，利用政策谋生存。二是要挖掘市场潜力，积极构建有利于市场竞争的发展环境。三是要用好创新动力，积极鼓励科技文化跨界融合。

【适用范围】可用于相关政策性文件。

【案例呈现】激发文化参与主体的活力是文化传承创新的有效路径。一是要建立富有激励性的参与主体激励机制。在利用财政资金等激励参与主体时，要建立传承创新效果评价机制，对于效果好的给予更大的激励，对于效果差的则不予奖励或者给予少量奖励，通过这种效果评价来引导参与主体更积极行动。二是要努力营造有利于参与主体价值实现的管理环境。通过环境优化引导更多的主体参与，形成有序竞争发展格局。三是要建立红黑名单制度。对于表现好的单位和个人纳入红名单，对于失信的单位和个人纳入黑名单，限制其参与政府购买服务等行为。①

89. 文化嫁接

【词条来源】社会工作者王昱州受果木嫁接原理的启发。

【定义描述】文化嫁接是指不同文化之间、某类文化与某类实体之间进行融合的现象，如文化地产，是以文化为手段嵌入地产项目，带来文化的增加值，最终提升经济与社会效益。

【内容概览】文化嫁接是植物学与文化学嫁接后所产生的一种新兴文化形态。在文化学中指：异文化元素被主体文化特殊价值需求部分融进相应的文化成分中，产生一种既符合主体文化习惯口味，又具有较大效用价值的新文化成分。尽管植物学与文化嫁接的元素不同，但是嫁接后所产生的文化效应却具有类同性。"文化嫁接"用于表示外来文化在跨文化传播的过程中，在保持原有特性的同时，选取能与主流文化相适应的部分与主流文化主动融合，以谋求其在主流文化空间的共存与发展。②

【适用范围】可用于文化与不同产业的组合，带来新的文化形态。

【案例呈现】以"汉语桥"作为载体传播中华武术为例。如今，

---

① 陶庆先. 传统文化传承创新内生动力激发及其实现路径研究［J］. 中国市场，2019
（19）：15 – 16.

② 芦肖伟. 文化嫁接视阈下陕西秦腔非物质文化遗产发展研究［J］. 旅游纵览（下半月），2016（12）：267.

武术深受世界各国人民的喜爱，这与中华传统文化在社会发展进程中的地位是分不开的。国家对孔子学院汉办在全世界设立推广汉语和中华文化的"汉语桥"越来越深受外国朋友的喜爱，而中华武术作为中华传统文化中非常重要的一分子，在孔子学院也作为一项主要的内容进行传播。第九届"汉语桥"世界中学生中文比赛现场，来自马拉维队的两位选手阿霆和阿维都对中国的少林功夫有着浓厚的兴趣，阿霆和阿维两人还不约而同都喜欢中华武术，行云流水的武术表演更诠释了他们对中华武术的喜爱。"中华武术博大精深"，"我们的梦，沸腾从不变凉"。① 以"武"会友共享中国武术盛宴。中华武术既讲究形体规范，又追求精神传意和内外兼修的整体观，发展至今逐步形成了独具特色的武术文化体系，享誉世界。在第九届世界中学生"汉语桥"比赛期间，云南师范大学体育学院的学生们手持单刀、木棍、长枪、长剑、流星锤、太极扇等兵器，表演了精彩的中华传统武术。武术会演者以强健的身姿、凌厉的招式呈现了一场别开生面的武术盛宴，以"武"会友的形式向外国朋友显现了中国文化的精粹和中华民族的神韵。

90. 文化因袭

【词条来源】《海峡都市报》——"爷"文化的因袭。

【定义描述】沿用过去的一套，没有创新；模仿别人的理念、思路。

【内容概览】文化因袭又称文化普遍性，指人们接受一种文化的普遍性程度。文化因袭性是可变量，有的文化接受的人较多，有的文

---

① 孔令超．"文化嫁接"视阈下的中华武术［J］．武术研究，2017，2（5）：41-43.

化接受的人较少，有的文化已逐渐失去追随者而消失。一个国家的法律制度主要建立在因袭性较大的文化基础上，而对因袭性较小的文化，只要与主流文化不矛盾，采取不干预或尊重的态度。有的学者认为，在诉讼中当事人、法官、陪审员文化因袭性的差别对诉讼过程和结果都会产生一定的影响，对手中因袭性强的一方可能处于更有利的地位，胜诉的可能性更大，违法受到的惩罚可能更轻。但在不同社会制度的国家文化因袭性的影响有很大差别。在我国少数民族与汉族享有同等的权利和义务，为了保护少数民族地区经济和社会发展，国家对它们还实行特殊的扶植和保护政策。

【适用范围】文化内容。

【案例呈现】纵观中华文化历史自夏商周开始，不管中国朝代更替还是所谓奴隶制到封建制的过渡，中国莫不是家族天下，而其文化沿袭确是从夏商周的宗法制即家族制的开始，周的礼乐即建立在周公的等级秩序以及诸侯根据等级享受相应的礼乐秩序。孔子看到了周王室的衰微而极力推崇恢复周礼不得，转而不做教授门徒自成一派。如果现在仅从儒家文化追溯到本源，我们也许可一窥周文化以了解中华文化的起源。由于儒家有利于家天下的统治，所以不管王朝如何更替，儒家总是被一再尊奉。因为统治者总认为自己不一样，不会重蹈前朝覆辙。而历史一次又一次的嘲笑着帝王的陵冢。中华文化因袭也必将不断洗涤儒家文化的糟粕，恢复儒家的本源，中华文化将会吐故纳新，迎来新的发展。

91. 文化隐喻

【词条来源】引自《文化隐喻：选读、研究转译及评论》一书。

【定义描述】指一个国家或民族文化中一种独特的或者非常具有特色的风俗、现象或活动并使得他们和其他民族区别开来的特征。

【内容概览】隐喻的产生离不开语言发源地区的文化，不同的文化背景，使得语言中的文化隐喻不能完全对等，所以我们可以依据各自文化的特点，采用不同的方式来进行理解，力争做到可以最大限度地保留文化特征。

【适用范围】文化走出去、文化软实力等领域。

【案例呈现】例如，由于语言本身是一种动态的事物，是随着历史发展而不断变化着的，所以中医典籍语言中的大部分文化隐喻现象实质上也可以看成是一种文化动态变化的隐喻。根据"取象比类"这一中医思维模式，中医典籍中的隐喻大致可分为两种情况：一是"1象多类"，即由取的1种"象"可以类推到多种"类"，例如，阴阳学说，最初古人用阴阳来类比男女不同性别，男为阳，女为阴，后来用阴阳来类比疾病症状：具有色红、炎上、趋动、温热、灼津等特征的病症属阳症；而具有色暗、向下、趋静、寒冷、凝结、抑火等病症的则属阴症。二是"多象多类"，即由"1象"到"2象"再到"3象"，再分别到多"类"。例如，五脏中的"肝"被取象为五行中的"木"象，而自然界的"风"是可以吹动树木花草的，所以肝脏也就有了能使人的身体四肢摆动的功能，仿佛树叶被风吹动一样。①

92. 文化新宠

【词条来源】引自2001年南方周末《"真实电视"：欧美电视文化

---

① 施莹莹. 中医典籍语言中的隐喻文化特征及其英译策略［J］. 佳木斯职业学院学报，2019（7）：181，183.

新宠》一文。

【定义描述】指文化领域新近受到宠爱的产品服务或受人喜爱的事物。

【内容概览】微电影、电子竞技等成了文化新宠，文化产业也成了城市营销的新宠。

【适用范围】文化建设、文化商品等领域。

【案例呈现】微电影这个文化新宠的魅力何在？其一，模糊的身份造就了新奇性。细心考究，我们会发现微电影兼备视频和电影的双重性，作为视频，它鼓励所有人参与到制作之中，因为视频的制作门槛并不太高，作为电影，它又要求一定的制作水准，这意味着只有制作水平较高的视频才称得上微电影，反之那些粗俗的视频类似恶搞。其二，多彩的内容丰富了人们的精神生活。电影的魅力之一就是拥有着多种类型片——爱情、伦理、战争等，这些类似戏剧的"折子戏"可以集中探究人类生活的某个主题，加深了人们对这方面的认识，如《泰坦尼克号》提升了我们对爱情的认识。另外，微电影招人喜爱之处是它的贴心服务，它借助网络将自己直接推销到网民面前，耐心地等待着他们选择，而这种贴心服务就是消费社会的取胜之道。[①] 因为"在这个产品的生命周期越来越短、商品和服务越来越多的网络经济中，越来越稀有的是人的注意力，而不是物质资源。奉送产品将越来越多地作为市场营销策略以吸引潜在顾客的注意力"[②]。

---

① 李进书. 微电影：媒介文化的新宠 [J]. 河北大学学报（哲学社会科学版），2012（05）：77-81.

② 约翰·哈特利. 创意产业读本 [M]. 曹书乐，译. 北京：清华大学出版社，2007：301.

93. 文化障碍

【词条来源】来自跨文化交流中出现的一种现象描述。

【定义描述】随着文化在全球的进一步传播流通，由于各国、各区域的政治、经济、习惯的差异引起的文化沟通、文化接受各方面的不同或难以达成共识。

【内容概览】人们文化水平的差异对人际交往和人际关系建立的阻碍。它主要存在于文盲与非文盲、学历高与学历低的人之间。随着文化教育的普及，文盲与非文盲的差异正在逐渐缩小并趋于消除，但学历上的差异却不可能完全消除。学历差异往往表现为一种直接而又具体的差异——学识性差异。这种差异是构成文化障碍的主要内容，人们往往因双方学识的深浅、多寡不一而又无法深谈、深交。在社交中，人们的文化差异所起的障碍作用的大小有所不同。一般说，如果差异是由学历高的一方有意识表现出来的，它的障碍力就越大；反之，就会小一些。

【适用范围】适用于反应在现实中对不同文化的认同感有差异。

【案例呈现】文化的多样性原本是人类绚丽灿烂文明中的重要彰显，而现在它却成为拥有不同文化背景的人们之间交流传播的障碍。要突破跨文化之间的障碍、挣脱枷锁，需要从文化出发。例如影片《千里走单骑》给了我们很多突破跨文化障碍的启示。《千里走单骑》中人与人之间的很多情感是戴着"面具"的。在人们的交往过程中，本性的感情逐渐被隐藏起来，高兴的时候脸上的表情可能会是平静的，而在悲伤的时候却能够强颜欢笑面对他人，将自己的真面目隐藏在"面具"后。撕开"面具"，坦诚相见是跨文化传播过程中重要的

交流方式。影片《千里走单骑》中高田父子、李加民父子之间的沟
壑，是不同时代背景下文化碰撞的结果。在跨文化传播的过程中，主
要有三种传播障碍：交往行为中的一些误读、对非语言符号的误读以
及交往过程中出现的偏见和刻板印象。对高田刚一而言，他来到中国
之后，由于陌生的环境、不同的语言，在与他人的交流沟通中出现矛
盾冲突。想要挣脱枷锁、突破跨文化传播中的障碍，就需要打破自己
的"面具"去与他人沟通交流，从而使跨文化传播畅通无阻。①

94. 文化瓶颈

【词条来源】在文化的传播发展中所面临的关键节点，引申出的
象形词义。

【定义描述】文化瓶颈是指文化在发展过程中所遇到的关键的限
制性因素。

【内容概览】文化特别是文化产业的发展对政策环境要求、人才
素质的要求都非常高，由于地域不同，于是各种瓶颈凸显，需要不断
的完善和突破。

【适用范围】文化发展、建设中的现象解释。

【案例呈现】我国文化金融发展到当下，文化瓶颈依然是版权价
值评估及在资本领域的价值确认。针对项目估值、公司估值，以及具
有商品属性的文创产品的估值存在较大不确定性，这种不确定性存在
于文化金融中介服务平台的设计、文化类无形资产价值评估准则的制
定及实践，版权质押贷款产品、中小企业集合信托、文化保险、小额

---

① 杨亚丽．从电影《千里走单骑》看跨文化传播的障碍与可能性［J］．视听，2018
（7）：103－104.

贷款以及混合质押担保融资、文化彩票等文化金融产品设计过程中。目前关键是彻底革新以银行贷款评估为核心的文化金融服务逻辑，有效运用以股权为主的资本市场手段，将市场前景、版权商业属性、对赌条款、团队稳定性等因素纳入评估体系，在此过程中培养一些能够深刻理解和有效结合文化产业投融资业务和资本市场手段的机构投资者及新型的文化金融服务商，促使文化金融步入良性循环。①

95. 文化鸿沟

【词条来源】跨文化交流中出现的一种现象。

【定义描述】随着文化在全球的进一步传播流通，由于各国、各区域的政治、经济、习惯的不同引起的文化沟通隔阂。

【内容概览】鸿沟是中国古运河名。战国时魏惠王为称霸中原，加强与宋、郑、陈、蔡等国的联系，约于魏惠王十年（公元前 360 年）开通。文化鸿沟是一种精神的虚拟鸿沟，但它的存在会引起一系列的问题，比如沟通障碍、理解偏差、双方误会等。

【适用范围】用于反应在现实中对不同文化的认同感有隔阂。

【案例呈现】文化鸿沟在英汉翻译的集中表现：（1）民族文化的差异。在同一文化背景下，不同的民族对同一词语的理解存在着明显的差异，特别是那些富有文化内涵和感情色彩的词，在语感上偏颇很大。如形容胆小，英语有"as timid as a hare"（胆小如兔），汉语则说"胆小如鼠"。因为鼠在汉民族文化里是胆小的象征，兔都是敏捷、迅速的象征，因而汉语又有"动如脱兔"之说。有意思的是，胆小的鼠在英语文化里都成为安静的喻体，所以英文里有"as quiet as a

---

① 李佩森. 文化金融的瓶颈和突破［N］. 中国文化报，2018 – 12 – 15（002）.

mouse"，同一意思，在汉语文化里，则用"静如止水"来表达。可见，各个民族都有自己的文化习惯。① （2）风俗习惯的差异。不同的国度，不同的地域，不同的民族在风俗习惯、情感倾向上的差异自然形成对同一事物、同一问题的不同观点和看法，产生了文化的差异。例如：中国人总是用狗来形容所厌恶的人，用它引出的词语总是贬义的，像"赖皮狗""丧家狗""狼心狗肺"等。但西方人对狗的看法却与我们不同，他们把狗视为宠物，人之良友，如："a luck dog"（幸运儿）、"hot dog"（热狗）、"to work like a dog"（拼命工作）。② （3）价值观念的差异。传统的价值观念是文化的核心，每一个社会体系，都有其独特的价值观念体系，这套体系直接影响人们思维的方式、交往的规则，对人们的社会生活起指令性作用，社会成员在不知不觉中习得了这套体系。价值观念体系包括人生观、道德观、宗教信仰、审美情趣等许多方面。不同的文化背景的人对不同的文化价值观是非常敏感的。如：英语中的"Idealism"（唯心主义），有崇尚理想的含义，而"Materiaism"（唯物主义）又意为讲究物质享受，含有庸俗的一面。这些差异无不反映了深刻的民族文化心理。③ （4）身势语言的差异。由于各民族的身势语言受不同文化的影响，因而存在着差异。例如：中国人指指点点地向朋友介绍所遇到的熟人，双方都很自如。然而看到远处一位熟悉的外国朋友并向他招手，想请他过来，但对方就会笑着扬长而去。这是由于中国人招手是表示请人过来，意为"Would you come overhere?"，但是西方人对人招手则是告别，意为

---

① 梁杰才. 英语形象比喻的翻译与文化［J］. 湛江师范学院学报，1994（3）.
② 孙德玉. 语言文化比较与英汉翻译技巧［J］. 烟台师范学院学报，1994（1）.
③ 王宁. 文化研究语境下的翻译研究［J］. 外语与翻译，1998（2）.

"Goodbye!"。同一姿势表达了两个完全相反的意思。从以上四个方面可以看出，由于中西文化存在着差异，从而造成翻译中的困难，为此必须使用正确的翻译方法来进行深入细致的对比，只有这样才能使译作与原作尽可能达到相同的感受，达到对等的功效。①

96. 文化异质

【词条来源】 多种文化并存、融合、涵化后产生的。

【定义描述】 具有不同文化特质和文化内涵的两种或多种文化。是多种文化并存，异质文化的接触，或相互适应、互补、融合、涵化为一种异质文化，是历史发展中常见的文化现象。

【内容概览】 季羡林先生认为中西文化最显著的差异在于思维方式。汉民族重主观、宏观及整体思维，而英语民族重客观、微观和个体思维，形成了各自的语言特点。汉语新闻题目中常有范畴词、抽象词做渲染铺垫及背景介绍，并不显得啰嗦。但英语题目表述简短、直接、突出核心，在汉英翻译时，这类词要按英文习惯省去，只译出精华部分。② 许多新闻题目为了吸引人，含有一定意象。对翻译来说，处理有意象的题目是一种挑战，因为这种特定意象一般载有特定文化因素。英汉民族文化不同，许多意象的文化内涵自然也不同，有些即便有对应词其文化载量也可能不同，有的词会在对方文化中引起不同联想，有的则无法引出联想。哈迪姆和梅森认为：一个译文的文化负载量越小，翻译时调整的需要就越小；反之，所含文化信息越多，调

---

① 钦秋雄. 浅析跨越英汉翻译的文化鸿沟［J］. 科技资讯，2006（3）：123－124.

② 王青梅. 从电视新闻题目之翻译管窥中英文化异质［J］. 吉林省教育学院学报（上旬），2015，31（3）：133－135.

整的幅度就越大。①

【适用范围】适用于跨文化交流、传播领域。

【案例呈现】哈葛德的爱情小说"Joan Haste"有蟠溪子和林纾两个译本，蟠译本中或省略了许多原作中与中国伦理道德文化相抵触的描写，或将其中国文化化。而林纾在其翻译中再现了被刻意删去了的情节和词语，成了一部描写西方爱情的作品，被曲解了的文本的整个文化得到了恢复，被移植进了中国文化，这才起到了文化交流的作用。② 另如《红楼梦》所包含和反映的整体文化以及它植根于其中的中国封建社会末期的文化，当它译成英语时，还应保持这个文化。如果按照归化论的提法，那么在汉译英时，《红楼梦》中的中国文化岂不是要翻译成英国的某个文化，这显然有悖于翻译的目的。那么异化的翻译要求译本尽量保留源语的语言和文化特点，借此达到文化交流的目的，让读者了解异国风情、文化及语言特点，以弥补本民族文化的不足，以丰富本民族语言的表达法。再看为了贯彻向目的语读者输入汉语表达方式，旨在让译语读者有所了解汉语的文化内涵，杨宪益、戴乃迭夫妇在翻译中国古典名著《红楼梦》时则更多地采取异化的方法，历史证明这个译本英语的可读性、可接受性在海内外得到普遍赞誉，是汉译外的经典范本。③ 请看其中几例：

癞蛤蟆想天鹅吃：A toad hankering for a taste of swan。

成者王侯败者贼：Such people may become princes or thieves, de-

---

① Basil Hatim, Ian Mason. Discourse and the Translator [M]. 上海：上海外语教育出版社，2002.

② 郭建中. 文化与翻译 [M]. 北京：中国对外翻译出版公司，2000.

③ 单文波. 文化异质的析出与翻译策略 [J]. 海南师范大学学报（社会科学版），2012（1）：126-132.

pending on whether they're successful or not。

以毒攻毒，以火攻火：Fighting poison with poison, and fire with fire。

97. 文化时尚

【词条来源】大众传媒是文化时尚生产、传播的主要策源地。

【定义描述】文化时尚是指反映一定政治、经济形态的、体现着文化某种发展趋势的文化存在形式，它具有崭新性、前沿性、活跃性的特征。

【内容概览】文化时尚是当代社会的一个重要文化现象，具有极其复杂的社会学意义和文化学意义。文化时尚变化速度快、传播范围广、影响程度深，已经深刻地见证了并正在见证着一代青年人的成长。作为观念形态的文化时尚是社会现象中最活跃的因素，不可避免地对青年大学生产生强烈的震撼和影响。就群体而言，青年大学生是一个具有典型双面性的人群，他们既有健康向上、充满活力的一面，又有消极颓废、极度困惑的一面。反映在文化构成上，使高校文化时尚具有了高层次和低层次之分。

【适用范围】适用于大众传媒领域。

【案例呈现】例如：文化时尚在高校的主体特征表现是叛逆性，大学亚文化，是指在大学生群体中存在的偏离主流文化、处于亚性状态的"异端"文化。一种文化时尚之所以能够在高校成为潮流，原因就在于主体对这种特定文化活动有着共同的价值追求，并表现出相同的结构性特征。高校时尚文化反映在大学生身上的典型特点，就是强烈的叛逆色彩，表现为大学生这一特殊群体所普遍拥有的不同于主流文化的价值观念和行为模式。青年大学生正值生理心理迅速成长、逐渐成熟并达到体能旺盛的时期，他们精力充沛、思想活跃、思维敏捷、自主意识强，"一方面表现出高亢激扬的生命状态，另一方面由于身体向成年迈进而开始了性生理冲动和性别意识，同时又得逐步接受成年人的压力，产生了渴望社会承认的欲望和反叛社会束缚的冲动"①。在大学生的价值体系中，时刻有两股潜在的意识形态流：一股是由于渴望社会承认的欲望而形成的主流意识形态，文化的外在表现就是校园主流文化；另一股是由于反叛社会束缚的冲动而形成的支流意识形态，文化的外在表现就是校园亚文化。高校文化时尚既是当代大学生对大众文化的吸纳和接受，更是当代大学生对大众文化的建构和超越。当代大学生既面临着理论的困惑，又面临着实践的困惑，现实的困惑要到理论中寻根，理论的困惑必须到现实中求解。在主流意识形态和价值观念的教育和熏陶下，他们一方面在接受和建构着自己的世界观、人生观和价值观，同时又面临着主流意识形态和主流价值观念的灌输所带来的种种压力。他们有时会感到迷茫和焦虑，在心理上会表现出与主流意识形态对抗的颓废与消沉，在行为上会表现出与主流价值观念矛盾的反其道而行之和背道而驰，反映了青年大学生强烈的归属与认同需要，清晰的求新与求异思维和典型的时尚与跟风倾向。②

98. 文化失真

【词条来源】诞生于 20 世纪 60 年代后期的接受美学。

【定义描述】文化失真是指在跨文化传播中，某一方文化的部分信息甚至全部信息在翻译后产生的令另一方文化的接受者对该文化无法了解或误解的一种文化丧失或扭曲变形现象。

【内容概览】文化词汇蕴含的独特的文化内涵经过翻译后，其在源语文化中所体现出来的某些独特文化内涵在译语中往往就会发生不同程度地丧失甚至不复存在，就出现了文化失真。①

【适用范围】主要用于异国语言之间的翻译问题。

【案例呈现】文化失真给我们的跨文化交际带来很大的障碍，也给我们的翻译工作带来了极大的挑战。这样就出现了错译、误译的例子。比如大多数外媒将"中国大陆""简单直译为"mainland China"，而《中国日报》这样有影响力的中国对外媒体竟然也出现了这样的译法！"If the bill passes, it will apply to Hong Kong and Macao SARs, as well as mainland China, said Wu." (China Daily, Aug. 24, 2005)"中国大陆"译为"mainland China"，给读者的感觉是除了"mainland China"之外，还有另外一个"China"，造成"两个中国"之嫌。这显然缺乏对政治因素的仔细考量。其实，"中国大陆"只有译为"the Chinese Mainland"或"the mainland of China"才能准确恰当地表达该词语的内涵意义。②

99. 文化传真

【定义描述】文化传真就是尽量保存外来文化的"洋味"，以使读

---

① 丁立福. 商标翻译中的文化失真及补偿研究 [J]. 山东外语教学，2009（5）：97－101.

② 甘容辉. 从文化失真到文化传真——新世纪外宣报道中汉语文化负载词的和谐翻译思路 [J]. 韶关学院学报，2014，35（9）：116－121.

者扩大视野，获得知识和启迪。

【内容概览】文化传真是翻译的基本原则。作为作品的生产者，作者自然期待译者最大限度地再现创作的信息意图和交际意图并如实地传递给读者，让译文读者获得与原文读者一样的阅读体验，从而实现传播本国文化特色的语篇功能。①"文化传真"心理期待与读者的异域文化心理期待和谐一致的情况下，译者的翻译意识也要与时俱进，本着既尊重作者又尊重读者的原则，尽可能地把原文的文化负载词恰当地转达给外国读者。这就要求译者充分考虑作者和读者的心理，妥善处理好各主体之间的关系，尽量避免引起文化冲突。②

【适用范围】语言翻译。

【案例呈现】外宣报道能有效提升中国的国家形象，增进国家之间的交往与了解，增强中国的国际影响力，宣传中国传统文化和发展理念，增强以文化为代表的软实力及影响力。当今世界，各国都在打造并努力对外展示自己的"软实力"，这是国际舆论环境中的重大变化，也让相关领域的作者与译者面临着新的调整和改变。因为从某种角度来看，作者可称得上是国家舆论与人民心声的代言人，译者则是相应的传播者。译者作品的国外主要读者为政界、商界和智库高端人士。21世纪随着汉语热在世界各地的急剧升温，他们渴望更多地了解中国文化，期待着从中国的报刊上体会并感受到文化传真。他们思维活跃、敏锐，对新鲜事物兴趣浓厚，对待外来文化的态度也更为宽容，交流的姿态更为积极。在文化冲突的时候，越来越多的译文读者对异

---

① 孙致礼. 文化与翻译［J］. 外语与外语教学，1999（11）：41-43.
② 林晓琴. 双向视角下的新世纪文化负载词主导译法研究——以外宣报道为例［J］. 福州大学学报：哲学社会科学版，2011（1）：87-92.

己文化有了更为宽广的视角和更为包容的心态，更加期待不同文化间的沟通和理解。译者的文化传真和谐翻译思路能够让译文读者体会到具有异国情调的文化意象和观念，给他们充分的机会去了解异域的独特文化和语言习惯，促进不同文化的交流融合。①

100. 文化负载

【定义描述】"文化负载（culture – loaded words）"，指的是只为某一民族语言所特有，具有独特的文化信息内涵，既可以是在历史长河中逐步形成的词，也可以是该民族独创的词"。②

【内容概览】文化负载词虽"小"，其意义却非同小可，真正译起来需要考虑种种错综复杂的因素，"译者置身于两种语言和文化之间，恰似戴着镣铐跳舞。"③然而注重"求和""求美"，追求圆满调和的目标的和谐翻译理论，却在一定程度上松开了译者所带的镣铐，为其应用于翻译实践提供了充足的操作空间和厚实的理论依据。

【适用范围】文化信息处理。

【案例呈现】当文化负载词所承载的文化信息在译语中有对等语的时候，译者可以直接借助对等语激活译文读者的文化预设，使译文读者能准确领悟到原文的神韵。这种处理策略称之为转换补偿法。这种翻译方法超越文字结构，是完全以译文读者为取向的，原文与译文和而不同。例如，如意郎君：One 22 – year – old undergraduate student

---

in a Shenzhen college said it is more realistic to hunt for Mr. Right. （China Daily，May 16，2011），"如意郎君"在英文中有对等的表达"Mr. Right（白马王子）"，这两个词虽然处于不同的文化背景，但其含义是对应的。如果将中文"如意郎君"的说法生搬硬套，恐怕会让英语读者费解，犯了"不和谐"的错误，倒不如"白马王子"来得自然。虽然这种方法会造成译文出现些许文化失真，但是，由于译文套用目标语的现成说法，读者大脑中相应的或相近的文化图式能被快速激活，译文读者不需要付出太多的认知努力就能获得相关信息，这样便于读者深刻理解原文本。所以，这也不失为一种有效的和谐翻译补充译法。其他如豆腐渣工程（jetty – built project）、打白条（issue an IOU）、内耗（in – fighting）、傍大款（find a sugar daddy）、宰客（overcharge the customer）、拍板（have the final say）等都是转换补偿法的翻译佳例。①

101. 文化危机

【词条来源】出自蒋庆《中国文化的危机及其解决之道》。

【定义描述】文化的危机指从文化的疲惫到文化的歧出直至文化变质的过程。

【内容概览】物质文明与精神文明的不平衡发展在文化方面的消极反应。在现代性的文化危机背景下提出文化自信，意义丰富而深远。只有超越现代性文化的视域局限，澄明超越资本逻辑的整体性文化逻辑，孕育超越现代主义和后现代主义的文化创生机制，涵养超越工具

---

① 甘容辉. 从文化失真到文化传真——新世纪外宣报道中汉语文化负载词的和谐翻译思路［J］. 韶关学院学报，2014，35（9）：116 – 122.

理性文化的文化整合机制，我们才可能突破现代性文化危机的阴霾，形成内在的文化自信。在当代中国特色社会主义条件下，只有自觉地以马克思主义为指导，充分挖掘中国丰富的传统文化资源，积极汲取人类优秀文化成果，才能在此基础上形成对整体性文化逻辑的自信、超越现代主义和后现代主义的文化创生的自信和超越工具理性的文化整合的自信，形成内在的新的文化自信。①

【适用范围】主要用于形容一个民族的精神特质与文明形式。

【案例呈现】波兹曼看到了电视媒介所带来的文化危机，他指出："随着印刷术退至我们文化的边缘以及电视占据了文化的中心，公众话语的严肃性、明确性和价值出现了危险的退步。"② 这种危机显然不仅局限于电视，而且可以延伸至电脑科技和网络媒介。人们已经逐渐习惯新型媒介对于知识、现实的解释，并慢慢地扎根于人们的无形意识而成为他们的认知思维模式或对话方式，而这种方式最为显著的要素就是娱乐的声音。在这种方式的影响下，无聊的东西却华丽变身为有意义的事物，而语无伦次恰恰是一种流行的对话方式。然而，充斥诸多信息源对于人们的生活是否具有实际的指导意义？人们在信息的海洋里，常见的情况是没有目的地浏览，这样无非给人们的日常生活与交往增加一点八卦性谈资，而这些内容往往与自己的实际生活无关。信息的碎片化导致了人们生活的碎片化，于是，文化、精神、道德等方面亦是由不同碎片所拼接的图像。在这样一种碎片化的境域中，人们的思考和行动能力都在不断退化，因为这些媒介更多的是传

---

① 刘力红. 何以建构超越现代性文化危机的文化自信［J］. 江淮论坛，2019（2）：69－74.

② 波兹曼. 娱乐至死［M］. 章艳，译. 桂林：广西师范大学出版社，2011：29.

播信息，而非收集和分析信息，转瞬即逝的信息不容人们停留做出判断和思考，人云亦云。新型媒介的"语言是新闻标题的语言——耸人听闻、结构零散，没有特别的目标受众"[1]。

102. 文化隐患

【词条来源】文化政策法规。

【定义描述】文化隐患是说文化作为一种商品在流通的同时，也带有输出国的文化。这不仅会造成对文化弱势国家的冲击，而且会造成该国传统文化的迷失，引发文化认同的危机。

【内容概览】文化隐患会对输入国，或者对输入方造成极大的影响，要有防范机制，要将隐患的苗头趁早扑灭，要防微杜渐，避免文化隐患。

【适用范围】主要指文化输出国对输入国造成的文化冲击。

【案例呈现】考前"拜神"折射文化隐患。往年高考前，总有家长带考生到庙里去祭拜，以期金榜题名。又到一年高考时，据媒体报道，在今天的数字时代，拜神方式也有了变化。在某高考家长论坛，首页最火的两个帖子就是"网上拜菩萨"，在网上膜拜的家长络绎不绝。而在曾被媒体冠以"亚洲最大的高考工厂"之名的安徽六安某中学，这里的拜神香火之旺更是受到了媒体的强烈关注。有专家认为，"拜神"其实是学生自己的一种心理暗示，以此给自己增添信心，应排除道德、迷信等说法，试试也无妨。不可否认，"拜神"在某种程度上可以起到一定的心理暗示作用，间接帮助考生缓解紧张情绪。然

---

[1] 黄瑜. 隐喻的媒介：现代社会的文化危机 [J]. 广东青年职业学院学报，2018，32（4）：84-89.

而，迷信总是与封建、落后相连的，依靠这种自欺欺人的迷信行为来获得心理安慰，即便在一定程度上可以理解，也背离了教育的科学理念，它的背面，恰恰是某种文化的隐患。人类社会的现代文明进程，是与科学理念、人本思想密不可分的。科学理念并不简单地关乎冰冷的数学模型、物理公式，在旷渺宇宙探寻未知的科学之旅中，人类必将面临诸多的迷茫、疑惑，唯有对科学的虔诚与笃定，才能跨越天堑、迎来曙光。就像布鲁诺不惧火刑柱、伽利略坚持地动学说，文化信念支撑着他们的科学理念，这也是如今我们在教育体系中要倡导和培植的可贵精神。①

103. 文化意象

【词条来源】凯文·林奇著《城市意象》。

【定义描述】意象是主体完成对外界事物的认知后在大脑形成的一种综合感受，是人们的一种内在精神力量表达。② 文化意象是凝聚着各个民族智慧和历史文化的一种文化符号。不同的民族由于不同的生存环境、文化传统，往往会形成其独特的文化意象。文化意象有各种不同的形式，如动物意象、植物意象、成语典故、数字意象等。

【内容概览】意象，即客观物象经过创作主体独特的情感活动而创造出来的一种艺术形象。每一个文化意象产品都蕴含着那个时代独特的元素，既然文创产品是一种文化的传播，那么在其中加入时尚的形式，使设计具有现代感的同时透露着深厚的文化内涵，就是文创设

---

① 郭立场. 考前"拜神"折射文化隐患 [N]. 中国艺术报, 2014 – 06 – 09（时评）.
② 张红燕. 基于传统文化意象的耀州窑莲纹再设计研究 [J]. 艺术科技, 2019, 32 (8)：44 – 45.

计的一种潮流。具备文化元素的意象性表达内涵的产品，是设计师追求寄情于物、赏心悦目的效果，将抽象的文化元素寄托于具体的客观物象，使文化得以鲜明生动的表达。设计师要想把某种文化元素传达给大众，不必表现这种文化繁杂的细枝末节，可以用具有鲜明特征的意象性文创这一方式。这样可以使欣赏文创产品的过程成为一个充满愉悦的过程，让读者更好地感受这类文化。[①] 因此，设计师需要找到一个符合当代人需要的时尚表达载体。

【适用范围】主要指一国特定的文化符号。用于城市描述、文学语言。

【案例呈现】诗歌之美在于意象，无论是诗人主观情感的抒发还是义理的阐述，都离不开具体可感的意象。意象之美在于诗人的创造性想象和深远情韵，正所谓"一草一树，一丘一壑，皆灵想之独辟，总非人间所有"[②]。南永前在其诗歌中构建了一个美的意象的世界，不同寻常的是，他所选取的意象是蕴含原始文化印记和民族文化精神的图腾形象。图腾诗作为一种特殊的诗歌题材，南永前赋予它独特的精神内涵和情感魅力，而将图腾作为诗歌的意象，也实现了其个人情感和民族情感的融合和呈现。南永前在其诗歌中构建了一个美的意象的世界，不同寻常的是，他所选取的意象是蕴含原始文化印记和民族文化精神的图腾形象。图腾诗作为一种特殊的诗歌题材，南永前赋予它独特的精神内涵和情感魅力，而将图腾作为诗歌的意象，也实现了其

---

① 邵钰滢，何佳. 从视觉趣味到文化意象——浅析文创产品设计层次与方法 [J]. 美术教育研究，2019（12）：38-41.

② 恽南田. 题洁庵画 [M] //宗白华. 美学漫话. 武汉：长江文艺出版社，2008.

个人情感和民族情感的融合和呈现。①

104. 文化机遇

【词条来源】来自现代汉语词典。

【定义描述】文化机遇，就是在文化发展过程中所提供的有力境遇与大好契机。近几年，文化体制改革和国家政策的扶持，为文化产业的快速发展提供了大好机遇，文化产业已经成为新的经济增长点。

【内容概览】指人的才能得以表现和使用的机会。在统计学中指事件发生的理论概率。机遇是客观存在的，是属于偶然性的东西。在人才成长的过程中，机遇有着不可忽视的作用。而安定团结、唯才是举的社会环境，可以为人们提供更多的走上成功之途的机遇。但应指出，机遇固然重要，但更重要的还是人应具有抓住机遇的能力，如审时度势、当机立断的品质和雄厚扎实的基础知识等，否则，即使机会再多，也会坐失良机。

【适用范围】文化走出去。

【案例呈现】融媒体带来的新机遇，在新时代背景下，由于互联网和数字技术迅猛发展和革新，融媒体的发展成为大势所趋。党的十八大以来，面对新形势下的新旧媒体如何进行改革发展，中央全面深化改革领导小组对其进行了顶层设计，并于2014年8月18日审议通过了《关于推动传统媒体和新兴媒体融合发展的指导意见》。该意见对新形势下如何推动媒体融合发展做了顶层设计，提出了具体的目标、明确要求，并做出了具体部署。该意见指出，融媒体发展一要在

---

① 苏静，黄达安．文化意象与民族文化精神构建——南永前图腾诗的意象研究［J］．石家庄学院学报，2019，21（4）：94-98.

遵循马克思主义新闻传播观和新兴媒体发展规律的基础上，坚定正确政治方向和舆论导向、坚持统筹协调、坚持创新发展、坚持一体化发展、坚持互联先进技术为支撑。二要将技术建设和内容建设摆在同等重要的位置。三要按照积极推进、科学发展、规范管理、确保导向的要求。①

105. 文化困境

【**词条来源**】来自现代汉语词典。

【**定义描述**】文化困境是指文化建设与发展中存在的艰难处境，包括社会、制度、精神问题等。当地历史背景下，社会文化困境的直接表征，就是人的精神家园的迷失和社会行为的失序。

【**内容概览**】困境即窘迫、艰难的处境，名词，常与"陷入""摆脱"等动词搭配。我国的文化产业困境主要表现在：（1）产业之间未能有效联合，呈单独、分散发展的状态;② （2）产品的设计单一、制作草率；（3）宣传不到位，未能深度利用互联网与影视综艺；（4）产业缺乏来自企业外部的支持。③

【**适用范围**】目前中国经济快速发展，经济模式西方化，只有依托传统文化的发扬光大。

【**案例呈现**】我国乡村文化发展的困境是（1）乡村文化主体缺失。由于农业劳动率的提高以及城乡差距的扩大，乡村出现了大量剩

---

① 李天生. 融媒体发展机遇下梅州客家传统文化传播思路的探讨［J］. 客家文博，2019（2）：44 - 47.

② 佟玉权，赵玲. 非物质文化遗产保护利用的产业化途径及评价体系［J］. 学术交流，2011（11）：187 - 191.

③ 冯前林. 山西非物质文化遗产产业化的困境与对策探析［J］. 晋中学院学报，2019，36（4）：27 - 31.

余劳动力，进城务工成为大多数农民，特别是青壮年农民的必然选择。这类群体有对新事物接受的灵活性，是乡村文化振兴的主体，在乡村现代化进程中发挥着不可替代的生力军作用，这一群体的缺失造成乡村文化建设以妇女、老人和儿童为主体。于是，乡村文化朝着空心化趋势发展。"由于传统观念以及各种条件的制约，很多农民难以改变旧有的文化习惯，对乡村文化的认识在观念上存在短视性和偏见。部分农民参与农村文化建设的积极性不高，也有农民存在抵触情绪。农民在乡村文化建设中的'缺位'迟滞了农村文化建设。"[①]（2）乡村特色文化资源流失。三农政策惠农民，为了丰富乡村的文化生活，大多数乡村配套有乡村书屋、乡村电影院等基础设施。但是由于农民的倾向性不高，物质载体利用率低或者为了完成指标流于形式，农民的娱乐方式以打麻将、打扑克为主。另外，受现代化传播媒介的普遍应用和城市文化的影响，乡村中民俗文化传承面临危机，年轻人缺乏对民俗文化的认同感。"此外，对民俗文化的需求量减少使得缺乏非遗保护意识。其次，大量村民外迁和外来人口的涌入，更是淡化了民俗传统的影响力。"[②]

106. 文化意蕴

【词条来源】德国歌德在《搜藏家和他的伙伴们》一书的第五封信里提出，用以表述艺术作品的内在精神，指艺术作品的"内在的生气、情感、灵魂、风骨和精神"。

---

① 曹士文. 浅议农村文化建设的主体缺失及其发展对策［J］. 安徽农学通报，2008（14）：10.

② 王燕妮. 城市化进程中民俗文化变迁研究——以武汉市舞高龙习俗为例［D］. 武汉：华中师范大学，2013.

【定义描述】指蕴藏在文化形式（包括物质的和精神的）中的社会内涵和审美趣味，如民族精神、历史意识、思维方式、心理结构和审美原则等。

【内容概览】文化意蕴的物质的文化形式如建筑、器物，精神的文化形式如诗歌、绘画等，它们所包含的内在意蕴常常可以体现某一文化的基本特质和深层结构。美国的解释学家赫尔施认为："意蕴（meaning）是为一部作品所展示出来的东西，它是作者通过运用一种特殊符号系统所表达的含义。""另一方面，意蕴与个人，或是与一个观念、一种环境，或是与任何可以想象之物之间的关系，就称作重要性。"重要性是解释者附加给作品的社会功能，它是由作品意蕴引申出来的。意蕴和重要性相对一部作品而言，意蕴更有价值，更有客观性和有效性，因为它是作品自身具有的东西，而重要性则是理解附加在作品之上的，只是作品与外界的关系。

【适用范围】传统建筑、艺术形象、艺术作品。

【案例呈现】中国的传统建筑，无论是其型制、格局、颜色或装饰，都体现了中国文化所特有的血缘基础、宗法观念、皇权至上和等级制度，也显示了中国人对整齐对称、雄伟高大等有特殊的审美情趣，其中数千年延续的都城和宫殿布局，更体现了封建社会的超稳定性结构。而中国的象棋、烟壶、美食、鱼鸟（养鱼养鸟）、盆景、风筝等，也蕴含了中国人的日常心态，反映了当时当地的民风习尚。故从文化意蕴的角度审视文学作品和一切文化现象，可以更深刻地揭示某一文学的审美价值和某一文化的民族特征，是文化审美学乐于采用的方法之一。为此，文化哲学领域已提出"意蕴美"等相关概念，而文艺理论家们也采用这一审美尺度评价当代文学的风俗化倾向。

107. 文化无边界

【词条来源】 借用地理学的概念。

【定义描述】 形容某一文化群体在某一地域与主流文化群体相融居住，其特点是没有明显的地理分界，文化相近或相同。文化无边界不仅指地理位置相融共生，更指文化心理上没有差异和隔阂。

【内容概览】 文化无边界组织是指其横向的、纵向的或外部的文化边界不由某种预先设定的结构所限定或定义的这样一种文化组织设计。

【适用范围】 文化走出去、文化交流。

【案例呈现】 任何成功的商业模式都是有边界的。文化旅游融合难，就难在边界问题。文旅产业生态极为复杂，旅游相关细分产业多达109个，全世界关于文化的定义就有200多种，而旅游与其他如地产、教育、文娱、体育、康养等领域的跨界创新更是难上加难。当无法明确边界时，资源配置、开发节奏、商业模式、政府与企业的分工等方面都会出现权、责、利不明确，产业混沌难以避免。在目前边界不明朗的情况下，文旅加大消费产业创新的路径可以从设定边界、重构结构、跨界链接、提升效率、持续创新、市场创造等方面入手，以此让文旅产品更优质、更具魅力，足以吸引游客的目光。文旅地产商普遍搭建的场景以往不考虑内容的植入与运营，现在要把内容的设计放到重要位置上来。比如改变盈利模式，像拼多多就是把电商的分成模式、价差模式改成团购模式，把交易方式从"搜索"方式变成"社交"方式，这就是结构的变化。设计新的交易结构，让它产生价值，当然也包括生态系统之外，别的行业、新的技术带来的一些资源，让这个生态系统更有价值。比如研学游学对文旅业的作用，学校资源的导入，让旅游产品盈利结构发生了根本性变化。无论是产业供应链还是运营效率都有巨大的提升空间，文旅产品互联网渗透率的提升、本地生活服务带动的高频次交易在本质上都是效率创新。供应链整合及分销端的效率提升都将带来产业创新。而田园综合体在本质上是一、二、三产联动，农业及二产通过三产的赋能获得效率的价值提升。①

108. 文化刚性

【词条来源】《经济日报》（1987 年 8 月 7 日）提出，指不可改变的性质，与"柔性"相对。例如，对刚性的消费基金膨胀的势头，我们又缺乏行之有效的抑制。

【定义描述】文化刚性指的是强文化特性，或者是文化当中固有的必须坚持的特性。"文化刚性"是企业"核心刚性（Core Rigidities）"的组成部分。② 对于海外工程项目而言，文化刚性是指项目组织文化很难被项目内部和外部力量改变的特性。对文化刚性的研究，是跨文化管理研究的一个重要组成部分。③

【内容概览】刚性说的是一个经济变量不能对相关的其他经济变量的变化做出相应反应的情形。例如价格不能对商品或劳务的供求变化做出相应反应的市场情形称为价格刚性。在完全竞争的市场中，需求的下降使得价格下跌从而使均衡在较原来低的数量上重新建立起

---

① 刘照惠. 文旅产品创新无边界［N］. 中国文化报，2019 - 07 - 06（007）.

② 彭绪娟. 我国海外工程项目跨文化管理研究［M］. 成都：西南财经大学出版社，2011：15 - 17，33.

③ 赵曙明，张捷. 中国企业跨国并购中的文化差异整合策略研究［J］. 南京大学学报，2005（5）：32 - 41.

来，反之亦然。如果价格不随着需求的下降而下跌，而是维持原来水平，使得均衡无法恢复，则认为存在着价格刚性。西方经济学认为，产生刚性的主要原因是存在着各种垄断。例如工会的垄断使失业增加时，就业工人的工资不会因为劳动供给的增加而下降，即存在着工资刚性，资本家也就不会雇佣更多的工人，结果是持续失业、经济波动。同样，企业的垄断造成商品劳务的价格刚性而推动了通货膨胀。

【适用范围】企业文化、生活需求。

【案例呈现】在今后一个时期，走向海外，在世界范围内参与竞争、接受挑战，是中国文化企业提升整体国际竞争力的必由之路。文化产品的刚需也是一个世界话题，在此过程中，文化刚需产品的研发和生产成为一个极其重要而不可回避的环节。因此，中国企业必须花大气力从事跨文化研究与管理实践。但目前，企业跨文化管理研究的现状却是：文化因素的差异性分析因缺乏成熟的定量分析工具，而更多地停留在定性分析层面。因此一个管理文化刚需再造的分析与建构框架，对相关问题的研究，有必要在以后的管理实践中加以深化和细化。①

109. 文化柔性

【词条来源】1987年，约翰·科特和詹姆斯·豪斯特开始着手对企业文化与企业长期业绩的研究，提出了"文化柔性"的命题。

【定义描述】文化柔性指的是可以随着环境或条件的变化而适时发生改变的文化特性。

---

① 牛彦峰. 文化刚性与海外工程项目管理文化再造研究——基于约哈里"窗口理论"，河北工程大学学报（社会科学版），2014，31（2）：13-17.

【内容概览】（1）企业文化是柔性的企业价值观与经营理念和刚性的行为规范的综合系统。从企业文化系统构成要素看，企业价值观是企业员工对本企业生存与发展的目的和意义的认识和评价等；经营理念指企业愿景、企业目标、企业精神等；企业行为规范包括员工共同行为规范、员工岗位行为规范等。（2）制度刚性与文化柔性的互动，使企业管理实现了从着重依靠制度管理过渡到注重文化建设，重视管理哲学，从忽视人到尊重人、重视主体价值、发挥全体员工潜能的巨大转向。企业通过从价值观、经营理念和行为规范三方面构建有利于提升企业竞争力的刚柔互动的企业文化体系，最大限度地调动员工的积极性和创造性，实现员工价值和企业价值的共同增长，最终提高企业的经营业绩和知名度。[①]

【适用范围】主要用于企业文化的描述。

【案例呈现】从美日企业文化比较，可以看制度刚性与文化柔性，尽管日美在组织模式方面迥然不同，但美国的成功企业在经营管理上与日本有异曲同工之妙。威廉·大内比照"X"理论、"Y"理论，创立了"Z"理论，指出劳动生产率取决于组织与员工间亲密性与信任度这类微妙关系，日本企业文化与企业经营的关系比美国的企业管理方式微妙、含蓄和内在。日、美企业管理的根本差异不在于管理方法与手段上，而在于某些自认为与日本相同而实质不同的管理因素上。美国的企业管理体现了西方文化的理性主义，过于强调技术、设备、方法、规章、组织结构和财务分析等刚性要素，而日本企业经营管理模式融入了东方儒家文化的非理性主义，更注重目标、信念、价值观、

---

① 张庆彩，董茜. 论企业文化中的制度刚性与文化柔性［J］. 经济论坛，2008（5）：88－90.

文化等柔性要素。它重视人性，重视人力资源，把员工当作"社会人""决策人"甚至是"自动人"，最大限度地发挥员工的潜力，调动其积极性、主动性和创造性。相反，美国的企业管理把雇员当作纯粹的生产要素，当作"会说话的机器"，既损害雇员的感情，又不利于企业长远发展。因此，美国企业要走出困境，必须立足本土，取人之长，补己之短，要把组织设计得更符合人性，将人本管理融入文化柔性的企业管理中。①

110. 文化反哺

【词条来源】最先形象描述人的反哺能力的，是美国人类学家玛格丽特·米德。她在《文化与承诺》一书中提出了这一观点。②

【定义描述】"文化反哺"，是指文化变迁过程中年长的一代向年轻一代进行广泛的文化吸收的过程。

【内容概览】（1）文化传承，即社会如何以某种方式将社会成员共有的价值观、知识体系、谋生技能和生活方式一代代传递下去，它是文化或文明积累的基本方式，同样，文化反哺也是代际文化交流和传承的一种形式。"老歌翻唱"作为一种重要的音乐流传机制，在推动音乐流传，形成音乐文化反哺中的作用重大。（2）文化传承贯穿人类社会发展的始终，自古以来，传承的主导方式都是自上而下的，但随着社会变迁，新的代际传承模式出现，原先处于被教化地位的年轻一代得以"反客为主"，充当教化者，产生了长辈向晚辈进行广泛的

---

① 张庆彩，董茜. 论企业文化中的制度刚性与文化柔性［J］. 经济论坛，2008（5）：88－90.

② M. 米德. 文化与承诺［M］. 石家庄：河北人民出版社，1987：85－86.

文化吸收的现象，即"文化反哺"。①

【适用范围】文化传承、知识体系。

【案例呈现】休闲生活方式的反哺。年轻一代由于生活节奏加快、现实压力大等原因，他们的休闲娱乐方式也与年长一代有很大不同。年轻一代大多通过网上看电影、网络游戏、网络小说、在线听音乐等方式，不受时间地点的限制，足不出户就能使自己的身心得到放松。年长一代的传统休闲方式就是看电视、听广播、阅读报纸或者出门下棋、聊天等。现在，越来越多的年长一代的"电视迷"们受到年轻一代的影响，更加青睐没有广告、电视节目播放不受时间限制的网络电视。显而易见的是，年轻一代所追崇的生活已逐渐得到社会认可，并且逐步反哺全社会。②

---

① 冯毅，孙宝云. 基于"文化反哺"现象的老年信息消费研究［J］. 开封教育学院学报，2018，38（7）：276–278.

② 傅帅. 信息消费视角下的文化反哺现象解析［J］. 现代交际，2018（8）：112–114.

二、功能类

111. 文化特质

【词条来源】引自曾仕强《中华文化的特质》。

【定义描述】文化特质又称文化要素、文化特性，是文化特质丛中具有意义的最小分类单位，是组成文化的基本要素。具有相关功能关系的文化特质构成文化丛，形成文化制度。它可以是物质的，也可以是非物质的、抽象的。

【内容概览】指一种文化组成分子所具备的特征。主要分为四种：（1）规范特质，即对文化分子的思想、行为，以及情感，规定其善或恶，应当或不应当等，其总汇为伦理和道德；（2）认知特质，指一个文化的文化分子对其所处的历史传统、自然环境以及人事周遭所作认知了解的总和；（3）艺术特质，指文化中（如音乐、舞蹈、文学、绘画、装饰等）最直接呈现于感觉的层相；（4）器用特质，即指一个文化的文化分子因生存或求知等需要而采用的工具特征。

【适用范围】文化建设、文化研究等领域。

【案例呈现】例如，在当代服装设计过程中，借助传统的中国元素，充分运用泼墨手法、青花瓷瓶纹样等艺术形式，进而在服饰方面促使我国民族精神以及文化的充分展示。从相关学者的研究可以看出，① 在我国传统吉祥图案的表现过程中，可以借助谐音以及文字形式来展示。过去吉祥图案在服饰上的展示，主要是利用印染、刺绣等，只要结合现代设计手法和时尚潮流趋势，就能够创作出具有中国传统文化特质的现代服装设计作品。其他学者的观点认为，书法艺术和传统丝绸之间存在一定的联系，基于设计视角，充分体现出中国传统文化艺术的精髓，包括运用书法元素起到装饰的作用。通过研究发现，为了能够促使我国服装体现文化价值，创建民族品牌服装，在服装设计过程中，合理地应用传统文化，起着关键性的作用。与此同时，运用传统文化进行服装设计工作，更是弘扬我国优秀传统文化的重要保证。相关文章指出，在相关的服装设计中，将中国画与服装设计结合是目前较为主流的一种创新方法，这种方法不仅开拓了服装设计的新思路，也更好地发扬了中华民族传统文化。提到中国服装，就不得不提到唐装。我们需要研究唐朝服装的相关特点，比如服装款式、色彩、面料等，这些都可以作为特色的元素应用到现代的服装设计中。除了唐装之外，还有汉服。通过研究汉服的相关特点，发现在汉服发展过程中所体现出来的问题，结合中华文化的发展与传承并提出相关的解决方案。汉服是中国传统服饰的重要构成，通过设计者的相关设计，可以有效地使服饰国际化，推动相关产业的发展。②

---

① 赵曼如．中国元素在世界服装市场中的运用及影响［J］．艺术百家，2017（S1）：184－185.

② 姜丹．中国传统文化特质服装品牌研究［J］．艺术科技，2019，32（9）：126－127.

112. 文化精髓

【词条来源】 这一概念是美国民族学家 E. 萨丕尔于 1925 年首次创用的。他参考了德国哲学家 O. 施本格勒 1918 年在《西方的没落》(*Der Untergang des Abendlandes*) 一书中提出的观点。

【定义描述】 指文化的精华部分或核心理念，意为一个民族的普遍态度、人生观以及使其在世界文明史上占据某种地位的特殊表现。

【内容概览】 文化精髓是指一种文化的特殊标记，也就是它的主要趋势或"模式"，包括中华优秀传统文化、革命文化、社会主义先进文化、地方文化等。[①] 中华文化源远流长、博大精深，其中所包含的文化底蕴和内涵为世界人民所叹服。新时期的中国青年，首先应该充分理解中国优秀传统文化的内涵，并自觉地继承和弘扬，使中国优秀的传统文化在新的时期散发出新的魅力，进而丰富学生的文化素养和底蕴。[②]

【适用范围】 文化建设、文化走出去等领域。

【案例呈现】 中华民族文化就像一颗生生不息的大树，文化精髓的主干就是孔孟儒学。在不同历史时期，它吸收着不同的文化养分，结出了不同的文明花果。我们知道，中华文化之树根扎得很深，含括了孔孟老庄以前数千年的文明发展。孔子之所以说自己"信而好古，述而不作"，他之所以"祖述尧舜，宪章文武"，其原因正在于此。《尚书·多士》记载"惟殷先人有册有典"，像《周礼》《逸周书》这

---

① 冯晓青. 以文化精髓打造医学院校思政金课 [J]. 河南教育（高教），2019（5）：82 – 84.

② 李秀绒. 注入传统文化精髓，优化初中语文课堂 [J]. 华夏教师，2019（14）：42 – 43.

些典籍，绝不是后人向壁虚构。据《墨子·兼爱下》载："何知先圣六王之亲行之也？墨子说：'吾非与之并世同时，亲闻其声，见其色也。以其所书于竹帛，镂于金石，琢于盘盂，传遗后世子孙者知之'。"如果我们无视这些记载明确透露的学术信息，就不能理解中国上古三代的深厚积淀，就无法理解中国古代圣哲的思想何以具有超越时空的价值和意义。[①] 我们只有看到文化精髓的根脉，才有可能培根固元，继续浇灌，才会使之在今天焕发勃勃生机。

113. 文化烙印

【词条来源】引自《文化的烙印》一书。

【定义描述】指文化中留下的深刻印象或不易磨灭的痕迹。

【内容概览】由于文化的多样性和独特性，时间不可避免地被打上深刻的文化烙印。这种文化烙印，主要体现为不同的时间思维、时间价值、时间组织、时间制度、时间习俗、时间语言、时间工具等一系列时间文化现象。

【适用范围】文化传播、文化走出去等领域。

【案例呈现】不同文化对一般意义的符号时间即钟表时间的切分差异颇大，形成不一样的文化烙印。不仅可以从诸如传统节庆、生活节律、活动时间模式等领域直接地观察到文化烙印，而且其中某些内容甚至成为根深蒂固的文化烙印：春节与圣诞节具有迥然不同的时间意义；中国人笃信二十四节气，西方人却未必加以理会；国庆日对国家意义的文化而言更是十分独特的。人们的经济与文化活动在性质、方式、面貌上的差距所造就的时间节奏和模态，亦常大相径庭。在高

---

① 杨朝明. 把握传统文化精髓，提炼中国精神标识［J］. 朱子文化，2019（1）：4-6.

度现代化的社会文化圈中形成的时间文化烙印，比之发展滞后的文化圈中的相关内容来说，其"时间跨越"性往往使人恍如隔世。因而当一个人脱离自己熟悉的文化环境，突然被抛到一个陌生的异质文化中时，将不可避免地由时间的震荡引发所谓的"文化震荡"。① 总之，对每个人和每个社会来说，除了服从时间在终极意义上的最高霸权和决定作用之外，还不得不服从时间赋予他们的文化烙印。

114. 文化根基

【词条来源】引自 2008 年中国文化传媒网《文化根基是重中之重》一文。

【定义描述】文化根基指文化赖以存在的基础或发展而来的原因。

【内容概览】中华优秀传统文化是社会主义先进文化不可或缺的重要组成，更是中华民族在当代建构文化自信的根基和渊源。②

【适用范围】文化建设、文化软实力等领域。

【案例呈现】中华文化根基深厚，蕴含三千年的文化智慧。三千多年前的《周易》就已具有朴素的唯物精神与辩证法的观点，认为万物是可以认识的，所谓"知周乎万物"，是不以人的意志为转移的。"一阴一阳之谓道。继之者，善也"（《系辞上传》），指的是矛盾运动始终存在于一切事物的发展过程中。"孔子晚而喜易"（《史记·孔子世家》）。《易经》《易传》《易学》作为中华文化对世界亦做出了巨大贡献，在哲学、自然科学等诸多领域产生重大影响。正如诺贝尔化学

---

① 王世达. 时间的历史样态与文化烙印［J］. 成都大学学报（社会科学版），2002（3）：1 - 7.

② 刘春荣. 文化自信的传统文化根基与渊源［J］. 理论视野，2019（4）：19 - 23.

奖获得者普里戈金（Prigogine，I.）教授所言，"中国的思想对于那些想扩大西方科学的范围和意义的哲学家、科学家来说，始终是个启迪的源泉"①。物理学家卡普拉（Capra，F.）认为，现代物理学和《易经》的最重要特点都是变化和变革，这些相似性都有很深的文化根基，事实上，现代逻辑演算的产生，也可归功于《易经》的启示。②

115. 文化脉络

【词条来源】引自余秋雨《中国文脉》一书。

【定义描述】指文化因子或活动运行的主要通路或渠道。

【内容概览】文化是代代积累沉淀的习惯和信念在生活中的自然流淌。从本质上讲，文化本身就是一种浸润式的呈现，是一种生命现象，是生命衍生或创造的具有人文意味的现象。它深沉而热情，往往以美好的形式在社会上传播，虽经时间淘洗而生生不息，最终蔚为大观，融入我们的日常生活，被我们习以为常，使我们因"身在此山中"而"不识庐山真面目"。所以，传统文化课程构建中要体现对文化的深层次理解，讲出习以为常中的不平常。③ 正如习近平总书记所言："要讲清楚中华优秀传统文化的历史渊源、发展脉络、基本走向，讲清楚中华文化的独特创造、价值理念、鲜明特色，增强文化自信和价值观自信。"④

【适用范围】文化建设、文化传播等领域。

---

① 伊·普里戈金.从混沌到有序［M］.上海：上海译文出版社，1987：1.
② 李晶伟.易经探索［M］.天津：天津科学技术出版社，2009：8－24.
③ 李群.在文化脉络中寻找文化课堂的有效实施［J］.中国教育学刊，2017（10）：89－94.
④ 张岂之.深刻认识中华文化的历史渊源［N］.人民日报，2014－05－16（07）.

【案例呈现】文化脉络是所有文化内容推进的有机叠加，是所有"单个"文化层次有机组合而成的整体。[①] 文化脉络各个层次的关系是一种辩证的关系。高一级的结构层次对低一级结构层次有着重大制约性，而低一级结构又是高一级结构的基础，它也反作用于高一级的结构层次。例如，在北京市中小学开设的"中华优秀传统文化"课程构建中，很注重尊重文化的层次性，在课程单元内容设置中，在保证文化脉络清晰的前提下，充分考虑文化层次的体现，避免孤立地传承传统文化。文化熏染是指个人在社会环境熏陶下获得人生知识、技能的不自觉的学习过程。既是文化传统，特别是文化习俗赖以传承、延续的重要途径，又是构成文化人格复杂性的重要因素，是一个人在其一生中为获得文化教养而学习的过程。使用《中华优秀传统文化》教材的核心目标就是创设各种语境让学生熏染，提升学生的文化积淀，厘清文化脉络，进而影响学生的基本品行。这本身是一个理念问题，是与课程紧密结合在一起的，需要教师们进行一定的思考。否则，面对本套教材的内容，就会觉得课文太难、内容太多，语言文字成为一道无法跨越的障碍，教学无从开展，并且无法把握教育的真正目的。文化熏染一词常作"社会化"的同义词，这个过程是复杂的，伴随人的一生。与个人文化学习不同，它不是通过明确的传授方式来进行有目的的文化学习，而是通过生活环境与文化氛围的潜移默化，使个人在无意识中获得正规教育之外的复杂人生知识与技能。

116. 文化符号

【词条来源】引自 2008 年美国《新闻周刊》12 大国的 20 大"文

---

① 傅国华，王军，罗富晟．文化的层次性及其相互交流［J］．新东方，2013（3）：72 - 76.

化符号"评选。

【定义描述】文化符号是指具有某种特殊文化内涵或者特殊文化意义的标识，是文化内涵的重要载体和形式。

【内容概览】指能超越事物本身的形式（如事物本身的形象、声音、光亮、颜色、动作等）而代表某种意义与价值的事物的物质实体。它是具有抽象能力的人类的创造物，也是被运用它的人们赋予一定意义或象征的东西。如果某一事物作为刺激物，未经意义化，便不能作为文化符号而运用。文化符号规则的形成过程，是人们相互交往及约定成俗的过程。在社会成员对某一符号的规则没有取得同样的定义和理解之前，是不可能成为文化符号被人们加以普遍应用的。可是人们多半是在无意识中掌握与运用这些规则的。文化符号的范围极广，大体可划分为语言文化符号与非语言文化符号两大类。

【适用范围】文化形象、文化传播、文化走出去等领域。

【案例呈现】通过提取、解构、重组等方法，把地域文化现象包括文化遗迹、图像形态、色彩组合、艺术形态、风情民俗等，转化成了符号的方式来进行信息的传播，从而形成了地域文化符号。在时代文明多元化的前提下，地域文化符号是所在地区文化特点的具体化和形象化。因此，以地域文化为基础，用多种多样的表现形式将地域文化符号化，能更好、更直接地提高对其本土文化的认知。同时，有助于当地与外界对地域文化的理解，从而体会文化之美与价值，使大众产生对地域文化的向往，达到传承与发扬等目的。通过文化符号化展示，塑造地区特色风貌。比如，黑龙江的冰雪文化，通过符号化找出黑龙江与其他地区在人文、风景等方面的文化差异，探索地方发展特色，发挥地域文化所呈现的独特魅力，只有这样才能使其易记、易认知、易传播。① 一是要将地域的主观意识与现代创新意识相融合，建设起全新的地域文化观念，使得其在当代仍不失传统的同时更具吸引力。二是要把固有的地域认知打破，在原有的基础上丰富并创造出更多的地域特色文化。三是要催生新的审美观，将地域文化与其他形式相结合。只有有了这个基础才有其后的深入发掘提升和整合，逐渐提高黑龙江符号化地域文化的辨识度。

117. 文化语境

【词条来源】源自人类学家马林诺夫斯基关于"语境"概念的解释。

【定义描述】指与言语交际相关的社会文化背景。

【内容概览】语境是音乐文化生成、发展、转型所赖以依存的系统环境。人类音乐文化的发展无不是在特定的语境中进行的，语境影响着世界各民族音乐的文化内涵及表现方式。随着时代的变迁，音乐文化在不同历史阶段代代相继，演化出不同的叙事形式，表现出一定的文化特征。我国各民族在长期的生产生活中分别发展出了各自的音乐文化，这些音乐文化的嬗变与演绎成为今天人们理解各民族历史经验和文化智慧的重要材料。

【适用范围】文化作品、文化交流、文化融合等领域。

【案例呈现】语境是侗族音乐传承和发展的重要维度。从农耕社会走向工业社会和商业社会，是侗族音乐发展的历史必然。特别是在全球化背景下，侗族音乐在"从音乐走向文化，从传统走向现代，从

---

① 白斌，王冲，肖禹蓁. 黑龙江地域文化符号在漆器中的运用 [J]. 艺术研究，2019 (3)：14–16.

乡土走向世界"的过程中也逐渐形成了不同的文化表现形式。近年来，有识之士就侗族音乐的何去何从进行了大量研究，也认识到全球化背景下的现代舞台模式对侗族音乐造成的冲击和影响。全球化的舞台模式既是侗族音乐文化的挑战，也是侗族音乐文化转型的机遇。因为，任何文化的传承和发展都是在特定的文化语境中进行的。不同民族的交往必然会影响到彼此的文化发展，而积极汲取不同文化的优秀元素，促进原有民族文化的优化才是民族文化繁荣的关键。尤其在现代传媒技术的渗透之下，文化传承与传播的语境愈加复杂化，如何在全球化背景下强化语境适应能力已成为侗族音乐文化传承和发展的关键。从传统到现代的语境变迁是侗族音乐不可回避的现实。侗族音乐文化的传承和发展，既要吸收世界先进文化的优秀养分，借鉴各民族的文化经验，同时还要立足本土实际，深挖本土资源，强化本土特色，创建本土品牌。唯有如此，侗族音乐才能更好地应对全球化冲击，在语境变迁中生存壮大。① 因此，把握语境变迁的契机，将语境适应的研究作为侗族音乐文化传承和发展的切入点，因势利导强化侗族音乐在不同语境中的适应能力，调整侗族音乐在不同市场间的平衡点，实践多元化发展模式是侗族音乐在现代语境下的有效选择。

118. 文化桥梁

【词条来源】引自 2005 年南京举行的"文化桥梁——2005 南京文博之夏"系列活动。

【定义描述】指不同文化之间沟通、交流和融合等的渠道。

【内容概览】文化桥梁的架构可以让世界相互了解，文化艺术无

---

① 杨旭. 侗族音乐文化语境及发展思考［J］. 贵州民族报，2019－06－17（A03）.

国界，在文化交流中互相学习。

【适用范围】文化交流、文化走出去等领域。

【案例呈现】中国和挪威在文化、人口等方面差异非常大。在挪威生活的时间里，我发现老子在《道德经》第80章中写道："甘其食，美其服，安其居，乐其俗。"这段话讲述了相对理想的生活，与挪威生活非常相似。我在挪威吃过一道著名的美食，但是并不好吃，之后我问挪威人："这道菜你觉得好吃吗?"他表示上面的培根很好吃，这就是"甘其食"；在"美其服"方面，因为挪威卑尔根一年有300天是下雨天，所以在挪威有一种说法是"没有坏的天气，只有坏的穿着"；在"安其居"方面，挪威人有一个传统习俗叫作"小木屋"，他们经常到山里找那种又破又旧的小木屋生活，享受在大自然中独居的快乐；在"乐其俗"方面，目前在挪威最受欢迎的电视节目叫"慢电视"，收视率高达20%，很多挪威人都有耐心看完一部总长度7小时的电视节目。通过文化桥梁，现在很多中国人开始了解挪威，而且寻找共同的兴趣爱好，比如亲近自然，挪威人心中的自然不是在城市中多种树或建设公园，而是在天然环境中感受人类的渺小，这一点和中国很相像，在与挪威艺术家合作的过程中，我发现他们的很多作品灵感都来源于自然。在挪威艺术家心中，城市是自然的一部分，人作为城市的一部分，也是自然的一部分。去年，中挪两国举办了一场名为"中挪书架奇遇记2"的活动，主题为"手工艺术书"。其中有一本叫作"北极植物字典"的图书令人印象深刻，它是用北极圈内采集的植物标本创作而成的，世界上仅此一本。[①] 书中不仅记录了植物的形状，还记录了植物的味道。通过文化桥梁可以让世界了解中国，

---

① 俞闻候.如何搭建一座跨文化的桥梁 [N].国际出版周报，2019 - 06 - 10 (008).

让中国走向世界。

119. 文化名片

【词条来源】引自 2006 年盐城市全市文化工作会议上提出的盐城四大文化名片。

【定义描述】文化名片是指能代表一个国家或地区等的整体文化形象、主体文化形象、领域文化形象或特色文化形象、标志文化形象等的符号。

【内容概览】目前，学界对文化名片内涵的研究还没有统一认识，文化名片虽出现在众多文章中，但系统性的研究尚有很大空间。[①] 一般观点认为，文化名片是当地以具有地域特色的建筑、活动、历史等资源为载体，借以介绍、宣传地方的一种方式，是地方加强和凸显文化建设的重要依托和载体，是地方实现内涵式发展、提升文化自信的内在动力和支撑。[②]

【适用范围】文化形象、文化走出去、文化传播、文化地标设计等领域。

【案例呈现】文化是旅游资源的核心。文化名片不仅是品牌，更是平台、是载体，在旅游资源开发如火如荼的同时，吴江要将其他名片进一步融入同里古镇、苏州湾、绸都这几个大载体上。吴江文化融合的核心是"乐居"，尤其体现在中国太湖美食之乡、莼鲈之思、昆曲"吴江派"等与生活方式息息相关的名片上。打通名片之间"最后

---

① 马宏正. 校园文化名片——论高校档案在校园文化建设中的作用 [J]. 科教创新，2013（9）：288 – 289.

② 闫接训. 打造学校的文化名片——关于校园文化建设的调研报告 [J]. 学周刊，2015（5）：204.

一公里"，形成璀璨的品牌矩阵，可以使十大名片独立亮相、彰显其特色。融合发展能彰显吴江名片生动丰富的特点，产生更大的影响力和吸引力。① 城市形象的塑造离不开文化，文化的产生源于城市的发展。以产促城，以城兴产，文化产业是产城融合最根本，也是最具可持续性的关键产业。吴江十大文化名片的生命力源自吴江这座城市本身的科学发展，所以有着丰厚的底蕴。十大文化名片品牌的树立和推广过程，是吴江对文化资源进行深入发掘、集聚、整合、提炼和创新的过程，是吴江文化产业发展的导向标。擦亮十大文化名片品牌，是吴江建设拥有更大影响力、吸引力平台的必由之路。

---

① 朱振康. 擦亮"文化名片"，推进产城融合——以"吴江区十大文化名片"为例 [J]. 旅游纵览（下半月），2019（3）：97 - 98.

三、观念类

120. 文化认同

【词条来源】雷勇在 2008 年《论跨界民族的多重认同》中提出过四种不同意义的"认同"，具体表现为"民族认同、政治认同、文化认同和社会认同"。

【定义描述】文化认同（cultural identity）是指个体对于所属文化以及文化群体内化并产生归属感，从而获得、保持与创新自身文化的社会心理过程。① 文化认同强调个体对民族集体文化价值观的认可、接受与融入。文化认同是文化传承的基本依据，也是民族认同、社会认同的基础。文化必须"被群体中的人们所共同接受才能在群体中维持下去"②。

【内容概览】（1）文化认同作为一个历史过程，从初级层面来讲：一是身份层面上将个人身份归结于某一族群；二是思想层面上认同族

---

① 陈世联. 文化认同、文化和谐与社会和谐［J］. 西南民族大学学报（人文社科版），2006（3）.
② 费孝通. 论文化与文化自觉［M］. 北京：群言出版社，2010.

群内的价值取向；三是行为层面上践行族群内的伦理规范。从高级层面来讲：文化认同是对文化形态生成、发展、流变历程科学认知基础之上形成一种文化适应的状态，形成有别于其他族群差异化的文化形态，表现为心理上的内化、行为上的外化。① （2）文化认同既基于文化发展进步的历史事实，更有赖于民族文化随着时代进步不断地创新发展与创造转换。在中国这样一个"多元一体"的民族大家庭，文化认同是民族发展的前提，是实现各民族对伟大祖国的认同、对中华民族的认同的基础。② （3）"文化认同"，在全球化背景下，是民族国家对国家民族文化的一种肯定性体认，主要体现为对民族国家的核心价值持赞同的态度；在现代化潮流中，是民族国家对国家民族文化的一种主动性归依，主要体现为对国家民族的民族精神持维护的立场。③ （4）文化认同主要是在全球化语境下，民族国家因文化互动或文化冲突引发的文化自觉和文化认知。现代化的时代潮流，不可避免地对传统文化产生极大的冲击和挑战，由此不仅造成了人们的文化焦虑和文化困惑，也促使人们更加重视文化认同，并在文化认同中养成文化自觉。

【**适用范围**】传统文化、文化认知、文化制度。

【**案例呈现**】（1）文化的认同核心表现在对文化的情感支撑。文化情感是一种持久性的内在因子，能够直接影响文化的认同程度和认同的延续性。一些大学生对优秀传统文化的认同度较高，态度较好，

---

① 钟瑞添，刘顺强．民族文化认同与振兴之路［J］．长白学刊，2019（4）：149 - 156.

② 陈丹丹．新媒体视域下大学生对中华优秀传统文化的认同［J］．传媒论坛，2019，2（12）：9 - 10.

③ 王广虎，王继强．论民族传统体育发展的文化诉求［J］．体育文化导刊，2019（4）：36 - 42.

但是这往往是基于作为一个中国人的爱国本能，是出于对国家情感、民族情感、政治情感等因素而选择盲目认同。这样的情感不是在对于优秀传统文化清楚了解基础上形成的，而是基于一定的外在因素的影响下形成的情感，并不是大学生由内而外自然而然形成的对优秀传统文化的情感，这样的认同不是理性认同，存在着一定的不稳定性。同时，一些大学生在对西方文化和中华优秀传统文化的情感方面基本是一致的。一些大学生认为应该对中华优秀传统文化保持高度的认同感，但其实可能在现实中会更加倾向于对西方文化的热衷，对圣诞节、情人节、愚人节等西方节日表现出强烈的情感需求，特别是新媒体时代，大学生作为"网络原住民"，喜欢在各种各样的新媒体平台去宣扬西方各种文化。① （2）文化的认同需要先了解文化，对文化产生情感，最终将文化认同从内化转化为外化行为。大学生对优秀传统文化进行了学习和了解后，还需要真正践行，但是一些大学生实际行动还有着一定程度的行为不实现象，一些大学生对中华优秀传统文化的认知和情感与他们在日常生活中的行为取向并不一致。主要表现在，一些大学生虽然认为中华优秀传统文化对自己的影响很大，但是在实际生活中却不会主动去了解中华优秀传统文化，主动性和积极性较差。特别是在新媒体时代，大学生在吃饭、上课、走路时都离不开手机，通过不断刷微信、刷微博、看抖音短视频来了解各种信息，但是大学生通过新媒体平台去主动接触和了解中华优秀传统文化的人寥寥无几，大学生也很少有人将中华优秀传统文化资源作为灵感来源进行创意性展示。因此，要想让大学生对中华优秀传统文化达到高度认同，

---

① 齐继东，左娅菲娜. 新媒体时代中华优秀传统文化在大学生群体中的缺失与构建[J]. 福建广播电视大学学报，2016（2）.

问题的关键还是在于大学生是否愿意在生活中将中华优秀传统文化的精华进行运用并积极践行。①

121. 文化自信

【词条来源】习近平总书记 2014 年 10 月提出，2019 年第 12 期《求是》杂志刊发了习近平总书记的重要文章《坚定文化自信，建设社会主义文化强国》。它系统回答了"为何坚定文化自信""文化自信源自何处""如何增强文化自信"等重大理论问题，深化了对新时代中国特色社会主义文化建设的规律性认识，是新时代坚定文化自信、建设社会主义文化强国的科学指南和根本遵循。

【定义描述】文化自信是实现中华民族伟大复兴的精神动力。文化是一个国家、一个民族的灵魂。文化兴国运兴，文化强民族强。中华民族有着五千多年的文明史，在几千年的历史流变中，它能够历经磨难而不衰，饱尝艰辛而不屈，始终生生不息、薪火相传，其中一个很重要的原因就是有源远流长、博大精深的中华文化的支撑。今天，中华民族的复兴需要强大的物质力量，也需要强大的精神力量。②

【内容概览】从历史逻辑来看，文化自信源自中华民族五千多年文明历史所孕育的中华优秀传统文化，熔铸于党领导人民在革命、建设、改革中创造的革命文化和社会主义先进文化。优秀传统文化奠定了文化自信的底气。博大精深、源远流长的中华文化，不仅为中华民

---

① 贺伟. 新媒体背景下大学生文化自信培育研究［J］. 湖北函授大学学报，2017（12）：36 – 37.
② 姜正君. 新时代坚定文化自信建设文化强国的根本遵循——学习习近平总书记重要文章《坚定文化自信，建设社会主义文化强国》的体会［N］. 中国审计报，2019 – 07 – 10（005）.

族生生不息、发展壮大提供了丰厚滋养，而且能跨越时空、超越国界，为当今人类提供正确精神指引。文化自信是道路自信、理论自信、制度自信的坚实基石。文化自信，是更基础、更广泛、更深厚的自信，是更基本、更深沉、更持久的力量。文化自信是一切自信的源泉和根基，能为一个民族、国家和政党所采取的道路、理论、制度提供充分的合法性来源。

【适用范围】文化建设，民族精神。

【案例呈现】伫立在天安门广场的人民英雄纪念碑有一组浮雕，表现的是1840年鸦片战争到1949年中国革命胜利的全景图。回想过去，老一辈革命家和老一代共产党人为中国革命事业建立了彪炳史册的功勋，为我们留下了宝贵的精神财富，红船精神、井冈山精神、长征精神、延安精神、西柏坡精神等，这些红色基因渗进血液、沁入心扉，折射出新的时代光芒。习近平总书记高度重视革命文化的传承和发展，倡导发扬红色资源优势，深入进行党史军史教育，把红色基因一代代传下去。当代中国共产党和中国人民应该而且一定能够担负起新的文化使命，在实践创造中进行文化创造，在历史进步中实现文化进步。革命文化是坚定中国特色社会主义文化自信的重要源泉，是优化与巩固党的执政基础的宝贵历史资源。①

122. 文化创新

【词条来源】（1）国学大师张岱年先生提出，"中国文化前进的唯一出路是综合中西文化之长以创造新文化"，"中国新文化应是中国优秀传统与西方先进成果的综合"。（2）费孝通指出，"在人文重建的整

---

① 陈智. 文化自信是更深沉更持久的力量［J］. 吉林日报，2019－07－08（004）.

个过程中，我们可以接受外国的方法甚至经验，但所走的路要由自己决定。文化自觉、文化适应的主体和动力都在自己。自觉是为了自主，取得一个文化的自主权，能确定自己的文化方向"。（3）陈寅恪认为"世界上没有任何文化能够不随时吸收外国因素而可维系不坠"①。

【定义描述】所谓"创新"，就是在求异的前提下，发现前所未闻的规律，发明前所未用的技术，实施前所未有的举措，创造前所未见的事物。文化在交流的过程中传播，在继承的基础上发展，都包含着文化创新的意义。文化发展的实质，就在于文化创新。文化创新，是社会实践发展的必然要求，是文化自身发展的内在动力。善于学习、包容创新是中国文化的优良品质。从历史上看，中国文化在不断地学习、融合中壮大自己，不断地发展创新自己，在坚守自己价值观与文化品格的同时，进行有意识地文化适应，以跟上时代发展的需要。在学习和借鉴外来文化方面，中国在历史上取得了辉煌的成就。

【内容概览】坚持古为今用、人为我用、以古鉴今，在继承中发展，在发展中继承，实现传统文化创新性发展，一方面呈现民族文化的稳定性、完整性和群体性，一方面又立足自身传统与现实，呈现出民族文化的时代性、创新性和延续性，在不断交流、学习与创新中保持自己最根本的文化特性，以坚固本民族的文化地位与影响力。

【适用范围】文化内容、文化活动、文化项目。

【案例呈现】旗袍是中华民族服饰艺术文化的精髓，中式家具是中华五千年传承之下的经典艺术成果。旗袍的一针一线，皆由匠人之心相扣而成；中式家具的精雕细琢，每一刀刻下的都是时光的印记。

---

① 吴昊. 与时俱进：我国传统体育文化寻根与创新［J］. 中国体育报，2019 - 07 - 01（007）.

旗袍之美，韵律优雅、古典大气、妩媚而又端庄；中式家具之美，气势恢宏、瑰丽奇巧、华丽而又不失素雅。两种看似并无交集的艺术设计，却有着许多相通之处。人们可以追循着古人留下的艺术瑰宝，去发现如何在新时代的设计环境下，传承与创新中式家具设计。①

123. 文化体系

【词条来源】美国地理学家 J. E. 斯潘塞和 W. L. Jr. 托马斯认为：文化的最小单元，即文化的某个项目，不论它是人的某一行为还是使用的某一工具，都是文化特质。相关的文化特质的集合构成文化复合体，各文化复合体包含的文化特质数目并不相同。

【定义描述】文化体系是指文化要素按照一定的规律和要求，相互连接的整合系统，文化系统具有自己的闭环和特征。

【内容概览】文化体系的四个构成步骤：（1）文化模式化，即文化各要素之间在功能上相互作用，并形成某种模式；（2）文化整合，即文化体系中诸要素之间互相依赖，和谐共存；（3）界线保持，即文化体系与其环境之间存在着一条分界线；（4）体系自律，即一个自律的文化体系就是一个自给自足的体系，无须与另一个文化体系进行交换、补充或联系。它是某一特定团体为自己的生存而设计的，并经过历史的沿袭，逐渐成为一种自律的、模式化的系统。在该系统中，人们的社会行为符合该特定的文化习惯模式。②

【适用范围】公共文化、文化产业园区。

---

① 钟光明，侯珂. 旗袍文化对新中式家具设计创新的启发［J］. 设计，2019（11）：12.

② 顾明远. 教育大辞典［M］. 上海：上海教育出版社，1998：79.

【案例呈现】养牛不论其用途如何，均是一种文化特质。饮用牛奶并制造和消费奶制品便是一个文化复合体；而食用牛肉并用牛拉犁、穿牛皮制的皮靴和皮衣，则是另一个与养牛场有关的文化复合体。这样，一些相关的文化复合体集合起来，便形成一个文化体系。具有某种特定文化体系的人群聚居区就是一个文化区。

124. 文化形态

【词条来源】英国学者雷蒙·威廉斯的论述，文化在一个时段往往可能存在三种形态："主流的"（dominant）、"剩余的"（residual）和"新生的"（emergent）。主流型是指在现在占主导、正统或统治地位的形态，剩余型是指过去时段遗留下来但仍具影响力的形态，新生型是指正在生长的新兴形态。这种分析模式的长处在于它不仅看到审美文化发展变化的连续性和断裂性，而且也内在指向了对文化权力的批判。

【定义描述】文化形态是指文化的具体存在方式或状态。

【内容概览】文化的形态其实是多种多样的并且与时变化的。在特定社会和社群的文化内部，往往存在若干层次和类型。这些不同层次和类型的文化也往往有着不同的特征和功能，形成形态各异的文化形态。如此说来，文化应是一个容纳特征和功能。多重层面的文化形成复杂时空关系的结合体。这个结合体不一定就是统一的整体，而可能呈现出差异和联系。

【适用范围】文化场馆、文化业态。

【案例呈现】例如，对于博物馆而言，动态展示的优点在于其丰富性和参与性强，更加易于让观众成为文化表现的主动参与者，使博物馆的社会教育过程显得更具有吸引力。有鉴于此，北京孔庙和国子监博物馆推出了以"国学文化节"为代表的、活动性的礼乐文化表现形态。作为北京地区较为大型的一项国学文化活动，北京孔庙和国子监博物馆"国学文化节"的出现，以弘扬国学文化作为目标，以礼乐文化深植其中，通过一系列的活动，将北京孔庙和国子监数百年来蕴含的礼乐精神逐步地表达出来。文化节的举办得到了从北京市到东城区的礼乐文化研究、爱好者以及广大普通市民观众和中小学生的积极参与，以礼乐文化为纽带，将传统文化传达到社会的各个阶层，同时丰富了来博物馆参观的观众体验。北京孔庙文化节的举行安排在每年的九月份，这个月份集中了孔子诞辰、教师节、重阳节三个最具有教育意义的纪念日，北京孔庙国学文化节在此期间推出可以说是适逢其会。

国学文化节为期二十天，其活动内容包括"祭孔大典""教师节拜师礼""重阳节敬老礼""市民道德文化讲堂"等，突出了礼乐文化中的仪式感及动态参与体验。①

125. 文化基因

【词条来源】吴秋林受到泰勒、摩尔干（Nicole Morgan）思想的启发，提出了文化基因论的概念。②

【定义描述】文化基因，是指存在于民族或族群集体记忆之中的普遍性的文化内涵元素，是民族或族群储存特定遗传信息的功能单位。

---

① 李瑞振，王前．论博物馆文化形态的建构——以北京孔庙礼乐文化为例［J］．博物馆研究，2019（1）：63－67．

② 吴秋林．原始文化基因论［J］．贵州民族大学学报（哲学社会科学版），2008（4）：5－10．

【内容概览】文化基因是指相对于生物基因而言的非生物基因，主要指先天遗传和后天习得的、主动或被动、自觉与不自觉而置入人体内的最小信息单元和最小信息链路，主要表现为信念、习惯、价值观等。

【适用范围】文化作品、文化精神。

【案例呈现】过度符号化直接造成了汉字的结构意义坍塌和文化意义流失，间接引发了民众语文知识肤浅化、汉文化民族认同淡漠化等重大现实问题。运用文化基因论概念，从国语、国学、国性三个方面共九个角度探讨汉字文化在中国文化系统中的互动体系。通过研究可知，汉字文化具有稳定建构词义和对语言符号集群底层制约的扎根力量，起到了整合民族与方土文化、管理国族、象征中国经济文化类型等作用。汉字文化是经典文本的核心要素，能够存续国史正义，并有助于超越简化字与繁体字的字形差异，在更高维度上成为国家统一的基石。汉字文化基因论是审视中国社会文化演进的一个新角度。①

126. 文化自觉

【词条来源】"文化自觉"是费孝通先生于1997年在北大社会学人类学研究所开办的第二届社会文化人类学高级研讨班上首次提出的，目的是为了应对全球一体化的发展，而提出了解决人与人关系的方法。

【定义描述】文化自觉是对文化的自我觉醒、自我反思和理性审视。文化自觉的主体既可以是个体，也可以是民族、国家、政党。文

① 刘君.汉字文化基因论［J］.江苏科技大学学报（社会科学版），2019，19（2）：56-65.

化自觉既是一种意识，更是一种实践。① 从个体存在的角度来看，文化自觉具有一种自我引导的意义，引导人们超越当下提升人的生存意义，而人的有意义的生存一定需要有某种坚定的理想信念做支撑。

【内容概览】文化自觉主要有三层内蕴：（1）建立在对"根"的找寻与继承上。（2）建立在对"真"的批判与发展上。（3）建立在对发展趋向的规律把握与持续指引上。这种文化自觉是对文化地位作用的深刻认识、对文化发展规律的正确把握、对发展文化历史责任的主动担当。这种文化自觉与文化自信，表现为对中华文化的发展前途充满信心、对中国特色社会主义文化发展道路充满信心、对社会主义文化强国充满信心。②

【适用范围】文化建设、文化精神。

【案例呈现】自1997年文化自觉提出到现在已经过去23年了。在这20多年中，中国已经发生了巨大的"经济社会结构转型"，也就是在工业化、市场化和城市化方面发生了一系列巨大的转变。③ 我们现在居于世界第二大经济体，我们已经进入全面小康社会决胜阶段，我们现在正在全面推进国家治理体系和治理能力的现代化，我们已经通过"一带一路"倡议强大地走出去。这些伟大的成就表明，我们现在不但不能自卑，而且光有文化自省、文化自立和文化自觉也还不够，我们更应该具有文化自信。实际上，改革开放以来，我们从文化自觉到文化自信，这是一个认识和行动不断深化的过程，这跟我国的经济

① 彭冰冰. 从文化自觉理解红船精神［N］. 浙江日报，2019 – 06 – 25（008）.

② 教育部普通高中思想政治课课程标准实验教材编写组. 思想政治必修三［M］. 北京：人民教育出版社，2013：98.

③ 张继焦，杨林.19世纪60年代以来中国发生了五轮的经济社会结构转型：国际人类学与民族学联合会副主席张继焦教授访谈［J］. 广西师范学院学报（哲学社会科学版），2017，38（5）：87 – 94.

社会发展也有着密切的关系。正是因为我国正在强起来，我们才可以谈文化自信。

127. 文化生态

【词条来源】 文化生态的概念是美国文化人类学家朱利安·斯图尔德（Julian Steward，1902—1972）提出来的。朱利安·斯图尔德是20世纪中期著名的新进化论人类学家，他于1955年在《文化变迁的理论》一书中，首次提出了"文化生态"的概念，文化生态是建立在"环境适应"这一概念基础之上的。[①]

【定义描述】 文化生态即指对生态学理论运用的创新与延伸，其核心理论为动态平衡理论，即立足于对资源状态和自然环境规律的探索而寻求的一种新型的文化平衡。

【内容概览】 文化生态的核心理论主要是立足于文化和社会、人和自然等变量相互交叉作用下对文化成果的探寻，形成文化并存与相融的新局面。在该理论内容不断完善的条件下，相关研究成果越来越多，文化生态因此成为新时代下一门全新的学科，其主要负责解释文化对环境适应的过程。[②] 文化生态学是从人类生存的整个自然环境和社会环境中的各种因素交互作用来研究文化产生、发展、变异的规律的一种学说。文化生态学认为，"人类是一定环境中总生命网的一部分，并与物种群的生成体构成一个生物层的亚社会层，这个层次通常被称为群落。如果在这个总生命网中引进超有机体的文化因素，那么，

---

① 茶刘英. 文化生态视角下彝族腊罗牛歌传承研究——以云南省漾濞县为例 [J]. 现代交际，2016（17）：85 – 87.

② 樊亚伟. 基于文化生态角度的大学民族传统体育传承探究 [J]. 体育世界学术版，2019（5）：65.

在生物层之上就建立起了一个文化层。这两个层次之间交互影响、交互作用，在生态上有一种共存关系"①。

【适用范围】学科门类、社会行业。

【案例呈现】从文化生态理论视角来说，文化既是一定区域文化生态环境下的成长物，更是其有机组成部分，在其中发挥作用，影响其发展。文化生态随着社会经济的发展而变化，其变化也促逼着其中的文化传统发生变化。湖南民间信仰的形成、传承与发展同样遵循文化传承和发展的一般规律。湖南有着丰富多彩、独具特色的民间信仰，它既是历史悠久、得天独厚的自然历史文化生态孕育的结果，更是博大精深、异彩纷呈的文化生态体系的重要组成部分。保护湖南民间信仰文化，不仅要保护信仰文化的合理内涵，更要维护其外在文化生态。②

128. 文化担当

【定义描述】文化担当，体现为对民族文化传统的坚守和传承，体现为对社会精神和文化的守护和引领，在经济全球化和中国发展的大背景下，也必然体现为对多元文化的整合和创新。③

【内容概览】文化担当其实源自中华文化自古以来根深蒂固的家国情怀："家是国的基础，国是家的延伸，在中国人的精神谱系里，国家与家庭、社会与个人，都是密不可分的整体。国家好，民族好，

---

① 司马云杰. 文化社会学［M］. 北京：华夏出版社，2011：155－156.

② 黄永林，李琳. 文化生态视角下湖南地区民间信仰的传承与保护［J］. 长江大学学报（社会科学版），2019，42（3）：13－18.

③ 杨玉良. 中国一流大学的文化自觉与文化担当［J］. 辽宁教育，2014（18）：22－23.

大家才会好，小家同大国同声相应、同气相求、同命相依。"① 正是因为深切感受到了个人前途与国家命运的同频共振，所以才出现古人"先天下之忧而忧，后天下之乐而乐"的表白；正是那种与国家民族休戚与共的壮怀，才催生出"国家兴亡匹夫有责"的呐喊。以百姓为心、以天下为己任的使命感构成了"担当精神"的内涵和气度，成为各个时代不变的，对文人、学者和艺术家的最高要求。

【适用范围】文化传承、文化创新、文化人物。

【案例呈现】谈文化担当，首先得敬畏文化。"观乎人文，以化成天下"（《周易·贲卦》），这是"文化"最早的出处了，可见文化与人类息息相关，离开文化，则"人之异于禽兽者几希"（《孟子·离娄》）。卡西尔认为，用符号创造文化是人类区别于动物的根本所在，文化已经关涉人类的尊严，文化直指人心，因此要对它心存敬畏。儒典《大学》"明明德""亲民""止于至善"的训诫，既是永恒的大学之道，也是大学应该肩负的"文化担当"。大学是学术共同体，对普遍高深学问的追寻，决定着大学要坚守真善美之维。进而言之，大学的文化担当，或者说大学人的使命，不仅在于象牙塔内的坚守，更在于开时代风气之先。②

129. 文化惯性

【词条来源】《中华文化论坛》2010 年第 2 期。

【定义描述】文化惯性是指在既定文化形成后，处于某种文化背景下的人们共同遵循的价值观念和行为准则，以及这种文化作用于人

---

① 杨清虎. 家国情怀的内涵与现代价值［J］. 兵团党校学报，2016（3）.
② 铁铮. 大学的"文化担当"［J］. 北京教育（高教），2017（Z1）：7.

们实践活动的内在力量。

【内容概览】一般来说，惯性与惰性紧密相连，文化惯性指的是在既定文化形成后，出于这种文化背景下的人民共同遵循的价值观念和行为准则。从领域上来讲，它属于意识形态方面的范畴。惯性，顾名思义具有相对静止和相对稳定的特征，改革是一种运动和前进的行为，两者本质上存在着某些对立。①

【适用范围】适用于文化体制创新方面。

【案例呈现】男女差异与民歌之间的文化惯性。传统观念直接影响着两性之间的文化观念和文化惯性的形成，无论是从客观生理特点还是主观文化思想和行为，男女之间的差异也一直被认为是合理的、顺理成章的，而这种约定俗成的文化观念长期被人们认同并世代传承。在过去"男强女弱"的旧时代和文化背景下，男性为满足自己理想中对女性的需求，塑造出女性纤弱、顺从的形象，女性便按照他们的标准来打造自己，造成了这种大众普遍的审美心理。往往女性会认为自己是依附于男性的第二性地位，这种"第二性"的定义，不断得到男性甚至是女性的认同，而且变成了一种恶性循环。对更多从事民间艺术与音乐文化的研究者来说，以女性的视角来重新审视东北民间文化和民歌，并从两性差异来解析东北民歌女性主题的文化内涵，具有很新的学术意义。郭建民教授与他的研究团队为此付出许多精力并发表系列文章，取得了阶段性成果。他在撰文中这样认为："两性间的差异是人类所创造丰富文化的一个根本性前提，而人类历史进程中幽深曲折地被嵌入历史的男女的主题与身份限制的复杂情况，更使得两性层

---

① 王亚萍. 文化惯性视角下的农村殡葬改革［J］. 长春教育学院学报，2015，31（11）：30－31.

面上的文化建构产生了极为丰富的艺术景象，也赋予艺术以无限的生气与活力，从某一角度分析，女性文化是歌唱艺术的创作、表演和欣赏、审美以及传播流行等诸方面进步和发展的无穷原动力和催化剂。"①

130. 文化思维

【词条来源】2011 年庹祖海《网络时代的文化思维》。

【定义描述】文化思维是指一个民族总有该民族特有的思维习惯，是一个民族精神的底蕴，且贯穿于精英文化和民俗文化。

【内容概览】在中华民族优秀传统文化中，儒家思想是一种具有深远影响的文化思维体系，是中华民族思想文化的精髓。

【适用范围】适用于文化价值研究及中西文化研究。

【案例呈现】儒家文化注重对思想的提升，重视个体修为，例如以各种茶事活动的实施达到外塑形象、内心升华的目的。特别是儒家茶文化所包含的"仁""勤""谦""俭""廉"等极具哲理性的要义，体现出古人的自我发展、天人合一、道法自然及和谐人际的处世理念，而茗茶则是这些要义、理念的重要载体，茶由此也具有了"人气"和"灵性"。② 为使茶文化思维准确、高效传达给品茶人，并发挥应有的作用，体现更大的价值，要立足现实，将文化思维与茶文化紧密结合。一是加强对茶文化基本内容的宣传、教育，向茶客系统讲解茶文化基础知识，同时让他们结合自己实际工作说出自己的理解和感受，这样既有利于理论的讲解，还可以与茶客形成有效互动，调动他们参与学习的积极性。在此还要注意茶文化学习的全面性，不能只根据自己的

---

① 郭建民. 声乐艺术女性文化历史追踪 [J]. 当代音乐, 2015 (8).
② 周飞. 传统茶文化思维对酒店管理的启示 [J]. 福建茶叶, 2019, 41 (2)：48.

喜好进行选择性学习，更要将茶文化学习作为提升自身管理能力的有力工具。二是聘请茶文化专家进行讲解，特别是对隐性文化的讲解一定要体现出来，并结合显性功能对其进行深入浅出的说明，重点体现茶文化在为人处事方面的功能和作用。三是，要组织丰富多样的茶文化活动，利用研讨交流、茶文化讲座、案例分析等活动进行探讨、学习和互动，提高学习兴趣和效果。

131. 文化个性

【词条来源】2009 年陈文殿《全球化与文化个性》。

【定义描述】文化个性是指一个组织群体在生存和发展过程中形成的具备自身特色的传统、作风、习俗、价值观的共同心理和形象。

【内容概览】文化的个性主要表现在各民族、各区域文化之间的差异性上。各民族、各区域的文化虽然有着本质上的共同性和共通性，但其中的差异性也是十分明显的。从文化的本质特性上来说，它本身具有很强的民族性和区域性的特征，也是民族间、区域间相互区别的重要标志。每个民族和区域的文化，可以说都是独特的，是个性鲜明的。[①] 这种独特性和个性特征的表现，或是其中的要素是其他民族、区域文化所没有的，或是在某个方面优于其他民族、区域的文化及其相对应的方面，或是民族、区域间文化具有很强的互补性。

【适用范围】适用于文化素养、区域文化研究、文化建设。

【案例呈现】通过文化个性化的理念嵌入，我国乡村民宿目前已经成为城镇化与逆城镇化的重要推手。从现阶段看，一些地方民宿在城镇化与逆城镇化两方面都积累了成功的经验。当周末去郊区和农村

---

① 黄健. 建构形象认识系统　彰显城市文化个性 [N]. 2017－06－26（学与思）.

休闲度假成为都市居民的生活时尚，民宿作为旅游吸引物就大有文章可做。不少乡村没有热门景区景点，仅仅靠民宿与池塘、田园风光就能吸引客流，这是旅游消费进入休闲度假新阶段使然。在城镇化大潮中，特色小镇、旅游小镇在秉承历史传统基础上，导入文化元素，构建个性民宿酒店、文献馆、美术馆、书店、特色影院剧场等空间，既可吸引城市人群入住，同时吸纳周边乡村村民就业。让精英人才到乡村舞台上大施拳脚，让农民企业家在农村壮大发展，小城镇是一个沟通联系城市与乡村的重要节点。① 小城镇民宿规划实际上具备乡村民宿与城市民宿双重特性，可以把乡村文化与城市文化糅合重构，其文化创新形式可以多样化与复合化。

132. 文化素养

【定义描述】文化素养总的来说，是对人文文化、科技文化中的部分学科有了解、研究、分析、掌握的技能，可以独立思考、剖析、总结并得出自己的世界观、价值观的一种能力。只修不养，是只知道死读书的呆子；只养不修，则是热衷于主观臆想的狂人。②

【内容概览】文化素养的提升需要实践的锤炼。文化素养不是天上掉下来的，也不是自古就有的，而是在人们认识、改造自然和社会的过程中逐步产生和发展起来的。文化素养的提升需要依托物质载体。只有在意识到知识储备匮乏的同时，借助参加文体活动，读书特别是经典型的书籍，多阅读浏览新闻来增加社会阅历，多看书，多思考，才能提高文化素养。气质不是一个月两个月可以改变的，需要一

---

① 张苗荧. 文化个性将成为乡村民宿竞争利器［N］. 中国旅游报, 2019 - 01 - 16 (003).
② 佚名. 文化修养［M］. 中华词库. 天津：天津教育出版社, 2019 - 07 - 17.

年、两年甚至更长的时间。

【适用范围】适用于文化价值提升及文化建设方面。

【案例呈现】优秀的电视节目离不开精彩的节目内容，同时也离不开优秀的节目策划、编导和电视节目主持人。在"泛娱乐化"的狂轰滥炸中，具有良好文化素养的电视节目主持人是使电视节目寓教于乐的第一道关卡。《朗读者》是由董卿首次担纲制作人和节目主持人，以"朗读打动人心"为口号，每期邀请有影响力的明星人物或不期而遇的平凡素人，通过朗读的方式分享自己的故事与感悟的综艺节目。董卿作为节目主持人，每期节目的主题选择都围绕着爱与成长，每期节目的开场白都是抛砖引玉，将每一名朗读者的人生阅历娓娓道来，没有欲盖弥彰的说教，分享生活，寻求共鸣，收获知识的力量。这档节目没有迷失在"泛娱乐化"的洪流中，节目关注的是永恒不变的话题，而董卿的主持力度及现场掌控能力，更是让这档电视节目熠熠生辉。[①] 优秀的电视节目传播社会正能量离不开优秀的电视节目主持人，由董卿主持的《中国诗词大会》，一档看似无聊的诗词背诵节目在董卿的主持推动下，不仅这位"腹有诗书气自华"的主持人得到普遍的认可与喜爱，更让全民都参与到这档节目中，共同赏析中华文化诗词之美，享受一场场历史文化的盛宴，在每一首诗词解读中，董卿和节目嘉宾一道赏析，节目既没有沦为比赛的附属品，更没有成为参赛选手炫耀诗词积累量的舞台，《中国诗词大会》是一场让人们在欢声笑语中感受中国古典之美的真实的文化盛宴。[②]

---

① 吴佳鑫."泛娱乐化"背景下电视节目主持人的文化素养分析 [J].新闻研究导刊，2019，10（9）：3-4.

② 郭世俊.浅析我国电视节目泛娱乐化现象 [J].今传媒，2012（5）：68-69.

133. 文化品位

【词条来源】台北前文化局长的龙应台对中国大陆文化问题的议论。

【定义描述】对文化方面的认知、鉴赏层次。

【内容概览】文化品位是指由文化品质和文化地位赋予的一种文化状态。高品位的城市文化在文化品质方面表现为：兼具民族地域特色和国际意蕴的强健有力的城市文化精神；具有鲜明个性又体现世界风范的城市文化形象；拥有高品质的文化设施，高层次的文化艺术产品，高格调的文化娱乐活动，高辐射的文化传播系统，高效率的文化管理机制等城市文化因子；既有文化修养又有全球意识的城市市民。高品味的城市文化在文化地位方面表现为：城市文化具有强大的凝聚力、竞争力、辐射力和引领力。①

【适用范围】文化精神领域的认知。

【案例呈现】推进城市文化因子建设。在新一轮城市建设中，我们要紧紧围绕城市文化形象定位推进城市文化设施建设，包括城市雕塑、建筑景观设计、文化活动、城市色彩等；进一步加强现代公共文化服务体系建设，逐步形成政府财政、社会力量共同参与的公共文化服务新格局；充分挖掘文化资源优势，打造特色文化产业；打磨城市文化精品，形成城市文化品牌；加强文化传媒与对外文化交流，加大城市文化形象和文化品牌的推广；继续深化文化体制改革，政府简政放权，创新监管方式，提升服务质量，进一步推进政企分开、政事分开、管办分离，激发文化事业单位和文化企业的创造活力；加大城市

---

① 李前. 坚定文化自信　提升大连城市文化品位［N］. 大连日报, 2018 – 06 – 12（008）.

文化政策扶持力度，努力为文化人才提供成长发展的良好环境和施展才华的宏大舞台。

134. 文化造诣

【词条来源】"造诣"出自朱熹《答何叔京书》："《易说》序文，敬拜大赐，三复研味，想见前贤造诣之深，践履之熟。"

【定义描述】文化造诣是指在文化领域所显示的能力及获得的成就。

【内容概览】指文化方面的学问、文化艺术等所达到的程度，用于褒义。例：老舍对他们的艺术造诣很推崇，多次在青年文学工作者面前以他们严肃对待艺术的态度，过硬的基础功夫和不断创新的精神为例，讲解文艺上相通的规律。

【适用范围】文化创新及文化走出去的能力。

【案例呈现】中国古代教育不分科，是一种综合性文化素质教育，也就是如今人们所说的"通识教育"。在中国古代音乐史上，被现代人誉为"音乐家"的音乐家，其实都不是现代意义上的专门以音乐为职业的音乐家，而是"文人"，文化造诣很深的人，就是现代文化上的通才。被誉为中国古代"十大音乐家"之一的嵇康，"善鼓琴"，以演奏《广陵散》著称，会作曲，曾作《长清》《短清》《长侧》《短侧》四首琴曲，还有理论著述《琴赋》《声无哀乐论》传世，堪称"中国音乐美学史上独树一帜的文人"，中国音乐史上"自律论"美学思想最早的典型。然而，除音乐之外，他还在文学、哲学、书画乃至医学等诸多方面造诣很深。尤其在文学领域，他是"正始文学"的代表作家，文风犀利，泼辣洒脱，诗歌今存50余首，散文约10卷共计七八万言，其中有《与山巨源绝交书》等不朽名篇及《养生论》等医学论文。①

135. 文化意志

【词条来源】冯骥才《该有清晰的文化意志》。

【定义描述】文化意志是决定达到某种文化目的而产生的心理状态。

【内容概览】文化发展必须依托于国家意志。因为，文化发展需要消耗的资源绝非个体、群体、族群力所能及。② 文化发展的基本规律是：在其他因素保持不变的情况下，文化随着每年人均利用能量的增长而演进，或者随着将能量付诸运用的技术手段效率的增长而发展。③ 文化意志，往往由语言和行动表现出来，是人的意识能动作用的表现。人的世界观对文化意志的形成和作用有一定的影响。文化意志在人的社会实践中形成和发展，为客观规律所制约，发挥文化意志的作用时，绝不能违背客观规律或超越客观条件许可的限度为所欲为，而必须把文化创意精神和科学态度结合起来。

【适用范围】适用于文化价值提升及文化走出去等方面。

【案例呈现】期末到了，学生为迎接考试而紧张地复习功课，这时电视里播出精彩的足球比赛也只好放弃了。这种对行为的调节和选择，坚持一个行动而放弃另一个行动，也是文化意志的表现。文化意志是通过意志行动表现出来的，意志行动是一种自觉的、有目的的行

---

① 丁红梅. 音乐家的文化素质与艺术造诣 [J]. 乐府新声（沈阳音乐学院学报），2006（1）：78-79.
② 陈青，杜舒书，王增喜，等. 国家意志下的民族体育文化延伸 [N]. 武汉体育学院学报，2016，50（5）：12-18.
③ 莱斯利·怀特. 文化的科学 [M]. 沈原，等译. 济南：山东人民出版社，1988：326-355.

动，并与克服困难紧密相连。如爱迪生在发明电灯的过程中遇到了许多困难，仅试验所用的灯丝材料就选用过 1600 种。一个人在活动中所能克服的困难越大，说明其意志品质越强。所以克服困难是衡量意志强弱的标志。体现文化意志个体差异的有 4 种品质：第一是独立性。指一个人不屈从于周围人们的压力、不随波逐流，根据自己的文化认识和文化信念，独立地采取决定、执行决定的意志品质。与此相反的是独断性和受暗示性。第二是果断性。指一个人有能力及时采取有充分根据的决定，并且在深思熟虑的基础上去实现这些决定的意志品质。与此相反的是优柔寡断和武断性。第三是坚定性。指长时间地坚定自己决定的合理性，并坚持不懈地为实行决定而努力的意志品质。与此相反的是执拗性。第四是自制力。指一个人善于掌握、控制、支配自己行动的能力。与此相反的是任性和怯懦。上述 4 种品质都是在后天培养起来的。文化意志在人的生活工作学习中的主要作用表现为它是成功的重要因素之一。研究调查证明，虽然智力与成就具有一定关系，但更重要的是意志力。天资聪明的人如果不努力，也不会获得成功。而天资不聪明的人，只要持之以恒、锲而不舍，也能在事业上获得成功。

136. 文化智慧

【词条来源】韦政通在《中国的智慧》中讨论的 90 个问题，是根据中国文化的背景所设计的，这些问题有些是中国所独有的。

【定义描述】文化智慧是由文化所带来的辨析判断、发明创造的能力，不只是情感和愿望。

【内容概览】文化智慧是文化的最高思维能力，其原义与希腊语的 sophia（实践的技艺）相近，后逐渐改变其意义。古希腊柏拉图认为它是整体的知识，既包括科学的知识，也包括实践的知识。即所谓的"文化天赋"，智慧是由先天素质所决定的。能力主要由后天培训而获得，智能则是智慧与能力的综合。

【适用范围】 文化价值研究及文化走出去的层次。

【案例呈现】 网红艺术家王珮瑜的文化智慧，是传统艺术顺应时代变化的正确选择。王珮瑜选择明星式的自我形塑，并且持续探索各种方法提升其在融媒体时代的影响力。然而真正重要的是，她不是仅仅要成为一时的网红，而是通过多种途径形成在社会各阶层，尤其是对青年一代的影响力，借此扩大戏曲的观众面。这是很多成了网红或想成为网红的有追求的戏曲演员经常在思考和行动的，只不过世道如此喧嚣，网红的感觉太容易令人陶醉，会让我们瞬间就忘记并抛却初衷。王珮瑜是这个群体中自觉的清醒者之一，她把粉丝们带进京剧，并且用纯正的余派传统经典回馈所有对她感兴趣进而喜欢她的人。只有经典剧目的舞台演出，才有可能让她的星光持久闪耀，因为她传承的余派京剧艺术，值得用一生时间细细品味。借鉴流行文化的传播手段，王珮瑜成为京剧传统的符号与象征，所有京剧之外的影响都成为"余脉相传"的铺垫，因王珮瑜而走进京剧的人们在这里欣赏艺术盛宴，感受中华传统文化的博大精深与无穷魅力。[①]

137. 文化共识

【词条来源】 出自孔祥萌发表在《青年与社会》2013 年 22 期的文章《当今多元文化背景下构建文化共识的重要意义》。

---

① 傅谨. 王珮瑜和她的文化智慧 [N]. 人民政协报，2018 - 11 - 19 (012).

【定义描述】文化共识，简单理解就是在文化层面我们共同的认识。当今社会不同的文化群体，在形式和内容方面都拥有自己的特色。但形形色色的文化群体，都能体现出最朴素最纯粹的，在价值层面所达成的基本理解和认同，这个就是我们理解的文化共识。文化共识需要我们在当今多元文化结构和多重文化心理的社会环境中，不断增进对主流文化的理解和认同，就主流文化形成稳固的一致意见或共同看法，在文化的多样性中打牢一致性的基础。①

【内容概览】当今的社会丰富多彩，各种事业竞相发展，政治、经济、文化繁荣丰富，同时也要看到其另一面存在着多种多样的弊病，如何有效地建立文化共识，要建立怎样的文化共识，是值得我们深思熟虑的。文化共识的建立，必须要有核心，并且也要有其内在的价值。这种文化共识的建立是有着很多学问的，并且要掌握一定的方式方法。建立文化共识必须高度重视中华优秀传统文化，"提高文化软实力，要努力展示中华文化独特魅力"，"要使中华民族最基本的文化基因与当代文化相适应、与现代社会相协调"。②

【适用范围】文化走出去、文化价值研究方面。

【案例呈现】文化共识的建立是要有文化作为基础的，没有文化何来文化共识。例如，我国具有上下五千年的悠久历史，文化积淀也十分丰富，这对于我们建立文化共识有很大的帮助，五千年的文明像是巨大的文化宝库，我们汲取其中的精华，助力我国文化共识的建立。中华优秀传统文化也是世界优秀人类文化的一部分，而且是十分重要

---

① 吉强．构建统战关系传播网——新媒介环境下凝聚文化共识的新路径［J］．江苏省社会主义学院学报，2018（1）：18－24.
② 习近平．习近平谈治国理政［M］．北京：外文出版社，2014.

的一部分，占据着相当大的份额，继承创新中华优秀传统文化能够有力推进我国文化共识的建立。我们必须从中汲取营养并结合新时代的社会特征，创新优秀传统文化，使其大放异彩。习近平在多次重要讲话和会议工作报告中引用我国优秀传统文化中的名人名言说明问题，这就是继承创新中华优秀传统文化的突出表现。① 中华五千年文明灿烂史，拥有着丰厚的传统文化，我们要不断挖掘，但我们也不能全盘接收，其中有精华也有糟粕，我们应该继承优秀的中华传统文化，并不断创新、不断增强文化自信，使其能够拂去灰尘走向新时代，为我所用，推动中华文化的大发展，推动我国文化共识的建立。

138. 文化营养

【词条来源】出自谢兴发在《中外企业文化》2013 年 10 期发表的文章《闲来笔潭》。

【定义描述】文化作为养料供给事物的发展。

【内容概览】加强学习优秀传统文化，有助于我们汲取优秀传统文化智慧营养，进一步提升个人的文化修养、人格魅力和工作能力。中国优秀传统文化的丰富哲学思想、人文精神、教化思想、道德理念等，可以为人们认识和改造世界提供有益启迪，可以为治国理政提供有益启示，也可以为道德建设提供有益启发。习近平总书记多次强调："传统文化中的许多优秀典籍，蕴涵着做人做事和治国理政的道理。领导干部要通过研读优秀传统文化书籍，不断提高人文素养和精神境界。"我们要从博大精深的中华优秀传统文化中汲取智慧和营养，锤

---

① 陈志鹏.继承中华优秀传统文化 构建文化共识［J］.哲学理论，2018（12）：13 - 15.

炼道德品行，释放人格魅力，增强工作本领。①

【适用范围】精神上的满足、文化建设方面。

【案例呈现】收藏家王淼通过收藏学习，吸收文化营养。王淼每次收藏都先搞清楚了藏品的历史渊源。在明后期，我国商品经济有了很大发展，已经出现了资本主义的萌芽和人文主义思潮。市民阶层兴起，他们的审美情趣同封建士大夫相比，发生了很大的变化。要求文学艺术，包括陶瓷装饰要更直白、更通俗地反映他们对现实生活中美好事物的追求和向往。明代民窑青花瓷这种充满尘世乐趣的格调正反映了他们那种对世俗生活津津乐道，对荣华富贵钦羡渴望的心态。也正因为如此，它在纹饰题材和绘画风格方面才突破了当时官窑图案题材狭窄、风格呆板的束缚，创造出了无数形式多样、生动活泼、充满浓郁生活气息的画面，在瓷绘艺术上取得了前所未有的，远比官窑高得多的成就。通过这样一段学习，王淼不但了解了明代民窑青花瓷画的历史背景，而且对明代文学、文人画的兴起，乃至当时哲学的发展也加深了理解，收到了事半功倍的效果。齐白石先生曾有"三百石印富翁"之誉，王淼也自有"五百藏瓷富翁"之乐。古陶瓷研究就如同一个万花筒，把他引入了一个五彩缤纷的世界，使他增长了知识，增长了才干，让他更感到知识海洋的广阔。②

139. 文化风貌

【定义描述】文化风貌主要是指一个地方的历史、风俗、人文、教育、当地人的素质等。

---

① 熊有坚. 从传统文化中汲取营养 [J]. 当代电力文化，2018 (7)：59.
② 王淼. 在收藏中吸收文化营养 [N]. 证券时报，2018 - 09 - 15 (A06).

【内容概览】文化风貌内涵较广，涵括了历史风貌区、优秀历史建筑、文物保护单位、花园洋房、新式里弄及老公寓。文化风貌要采取多种方式开展社会宣传，提升全社会的文化风貌保护意识，特别是通过各种媒体、网络加强对居民群众尤其是青少年的宣传教育，抓好文化风貌保护公益组织和志愿者队伍建设，鼓励文化名人参与，如在凸显街区的红色经典过程中，邀请著名学者、专家"口述历史"，重讲建筑故事，共创风貌区宣传保护的良好氛围。① 城市文化风貌规划还需要保证城市建设过程中对色彩进行充分的掌控。城市视觉是城市的"体形、面孔和气质"，它需要把城市理念、城市精神等通过标语、口号、图案、色彩等形式展现出来，例如市徽、市花、市旗、吉祥物、城市别称等，都是形成城市形象识别的底色。②

【适用范围】文化区域概况。

【案例呈现】在对城市文化风貌规划方面，可以考虑色彩因素，该因素一般是指视觉知觉组织感受的裸露在外的公共空间中建筑、广告和一些形式结构与原材料所呈现的色彩关系，主要包括山石河流、花草树木、房屋建筑等，那些处于隐藏的地下建筑、各类管道设施等则不属于城市文化风貌规划的色彩设计范畴。城市基础色彩一般分为以下几种类型：（1）流动色和固定色。流动色包括城市空间霓虹广告招牌、流动车辆、园林景观等，固定色包括城市的道路桥梁、河流山川等。（2）人工色和自然色。人工色如城市中广告标识标牌和灯光色彩、房屋建筑玻璃外墙色彩、交通工具色彩等，自然色包括园林景观

① 徐汇区人大工作研究会课题组. 推进衡复历史文化风貌区精细化管理［J］. 上海人大月刊，2019（6）：47-48.
② 张燕. 论现代城市形象中的海报艺术［D］. 南京：东南大学，2009.

（如绿植花卉）、山川湖泊等自然原色。①

140. 文化氛围

【定义描述】文化氛围是指一定社会由文化所营造的物质与精神的环境。广义的文化氛围是历史文化、现实文化，是指笼罩在整体文化环境中，体现当地所推崇的特定传统、习惯及行为方式的精神格调；狭义的文化氛围指的是局部社会体系的物质环境和精神环境，如家庭经济地位、人际关系、生活方式与精神文明程度。

【内容概览】文化氛围是指主题设计方案的物质设施和无形服务以及给消费者带来的感受所表达的隐含信息。该主题设计的主题选择、视觉营造、构成要素，以及对文化的继承和发展是这种文化氛围的载体。所谓文化氛围的设计体现就是针对特定的文化主题，充分挖掘探索其文化内涵，并且通过一些营造手法展示其文化特色的过程。主要的文化营造内容可以是有形的，比如建筑的外观、颜色、材料的应用以及整体设计中景观的应用，这些可见的设计符号可以带来视觉、触觉的直观感受；也可以是无形的，比如设计建筑的具体用途，所提供的服务、所举办的活动等，这些设计可为观众带来听觉等心理上的感受。

【适用范围】文化建设、文化区域价值研究。

【案例呈现】在我们长期生活的文化氛围环境中，其服务对象是"人"，因此必须将人类的精神需求放在首位。充分考虑个人、家庭、社会团体和土地的精神联系和生计，因此艺术会馆本身的存在就是一种文化现象。在建筑设计中，对于文化氛围的营造，首先离不开对构

---

① 杨冬. 基于地域文化的河南城市风貌规划问题研究［J］. 中州大学学报，2018，35（3）：24 – 27.

成要素的要求，其中包括建筑整体，讲究最大限度地与周边环境合二为一，符合中国传统"天人合一"的理念；植物要素，运用其本身的寓意进行造景，赋予人格化的文化元素，作为某种情感的依托来营造意境；山水要素，如《园冶》所说，"片山有致，寸石生情"，利用艺术家的艺术创造来塑造文化特征。艺术馆的目标是通过准确的主题定位、多功能的组合、富有设计特色的空间布局、特色设计符号的挖掘探索等方式，设计出一个艺术会馆，拥有各种艺术形式，如艺术、书法、高端家具饰品和老式家具，彰显出其独特的文化特性。同时，举办艺术品展览，销售展品，展览与销售相结合，打造前店后厂的营销模式，进一步形成产业链。在推广画家本身的同时，销售作品，营造艺术氛围，寻求艺术与商业的交汇。在追求经济效应的同时，艺术会馆也注重社会效应的产生和传播，使艺术的概念与生活能够密切相关。①

141. 文化信心

【词条来源】 胡适《再论信心与反省》。

【定义描述】 文化信心指的是文化对个人或国家产生的坚定的信仰与力量，是由文化带来的对于尚未见到事物的信念和凭据，它包括相信和敢于将自己完全委托两个层面。

【内容概览】 文化信心产生一种信念（文化信念），逐步深入到内心深层，在各种环境和困难中经受考验，得到不断的磨炼，日益坚韧不拔，百折不回。千百年来，中华民族历经苦难，遭遇了许多重大危机都挺了过来；中华文化正是在这种考验中不断进行自我调整、完善，

---

① 张力斟. 艺术会馆文化氛围的营造手法［J］. 艺术与设计（理论），2019，2（4）：66－67.

吸收和融合各种文化精华，适应环境和形势的变化，从而自强不息、生生不息。在这个过程中，我们的文化信念也随之日益坚固起来。①

【适用范围】文化价值与文化走出去。

【案例呈现】我们不妨给原创综艺多一些文化信心，例如《中国有嘻哈》火了——随着最新一期节目上线，六期节目总播放量突破十亿次。然而，由于无论是赛制、LOGO 还是舞台，甚至发金项链环节，都和韩国一节目惊人相似，网友质疑抄袭声此起彼伏。7 月 26 日，韩国 Mnet 电视台证实，《中国有嘻哈》没有购买 *Show Me the Money* 版权，对节目高相似度的行为感到非常遗憾。无独有偶，今年走红的新综艺《中餐厅》《向往的生活》等也都存在版权上的争议。它们有的频频在节目细节上"撞梗"，有的则在情景设定上"高仿"国外综艺。对于这些扎堆儿出现的国产综艺节目抄袭污点，如果将矛头对准节目制作者缺乏版权意识、不舍得掏版权费，似乎都并不能触及问题的根源。回望近年来的"爆款"节目如《奔跑吧兄弟》《中国好声音》，各卫视依赖国外综艺模式引进，固然复制了许多成功的节目，然而，长期地一味模仿，让市场对国内综艺的原创能力缺乏文化信心。比如，国内综艺的变现方式十分单一，过度倚重广告收入。在许多真人秀节目中，无论是片头片尾、主持人口中，还是嘉宾手里的酸奶和道具，无一例外都是广告植入，而广告以外的商业模式则单薄得可怜。于是，为了保证冠名商的利润，投资不允许节目失败。没有允许试错的土壤，部分节目制作组只好一再抄袭。②

---

① 朱康有. 将文化信心铸成恒在力量，文化自信分为文化信心、文化信念、文化信力三层意蕴［N］. 北京日报，2018 – 01 – 29（015）.

② 王广燕. 不妨给原创综艺多一些文化信心［N］. 北京日报，2017 – 08 – 10（016）.

142. 文化自律

【定义描述】文化自律是指在文化领域为维持一定的原则、标准而进行的自觉遵循法纪和自我约束。

【内容概览】如果一个社会存在良好的文化自律机制，那么，每个人都能够相对充分地享受个人的文化自由，而根本无须第二方约束和第三方约束。如果一个社会缺乏良好的文化自律机制，那么，每个人虽然刚开始时或许确实能够比较充分地享受个人的文化自由，但迟早会因为社会运行成本过高而不得不诉诸第二方约束和第三方约束。如果一个社会完全缺乏文化自律机制，那么，每个人都根本无法充分享受个人的文化自由，而必须诉诸第二方约束和第三方约束。①

【适用范围】文化建设、文化走出去方面。

【案例呈现】由于宗教信仰和文化传统等原因，巫术与魔法在沙特阿拉伯是被明令禁止的重罪。据报道："在沙特，搞巫术是与强奸、谋杀、武装抢劫及走私毒品等并列的重罪，巫师更是政府明令禁止的职业，抓到通常要被砍头示众。因此，即便是风靡全球的小说《哈利·波特》，也因为'谈论巫术与魔法'而在沙特禁止发行。"例如，2011年12月12日，在沙特首都利雅得市中心广场，一名主要在沙特北部朱夫一带活动，被认定为"巫师"的女子就被当众砍头处决。在沙特因此而获罪的人绝非个例。在她之前，同年9月，还有一名苏丹人因在沙特涉嫌"巫术诈骗罪"而被沙特政府砍掉了脑袋。即使如此，"在沙特，不少人相信巫术，对巫术的态度非常认真。特别是乡村和偏远地区，人们受教育程度低，文盲比例高，再加上生活环境封

---

① 马健. 文化自由、文化自律与文化他律之辨 [J]. 知与行, 2016 (2): 61-64.

闭，这里的人很容易相信冥冥之中精灵鬼怪的存在，相信其神奇无比的力量"①。在这种情况下，一个看起来远离巫术的沙特人，到底是因为自己信仰坚定、严守教规（文化自律），还是他预料到了接触巫术的严重后果（可预期的文化他律），抑或是两种因素兼而有之（文化自律和可预期的文化他律），对于外人而言，确实很难判断。

143. 文化责任

【词条来源】唐渊《组织责任文化建设》。

【定义描述】在文化的基础上加入责任的成分，即是组织及其全体成员共同信奉并实践的以责任理念为核心的文化价值观。

【内容概览】坚定文化自信，履行文化责任，是企业可持续发展的内在需求。同时，统筹推进经济建设、政治建设、文化建设、社会建设、生态文明建设"五位一体"总体布局，也需要企业肩负起与之相应的经济责任、政治责任、文化责任、社会责任和生态责任。但是，一个时期以来，由于缺乏对文化自信与文化责任的深刻认识，一方面使其他责任在履行中大打折扣，另一方面使各种糟粕文化大行其道，造成了很严重的社会危害。这反证了坚定文化自信与履行文化责任的重要性、紧迫性。国有企业是中国特色社会主义的重要物质基础和政治基础，是我们党执政兴国的重要支柱和依靠力量。这就要求它不仅在担当经济、政治、社会和生态责任上应走在其他企业前列，而且在坚定文化自信、履行文化责任、推动社会主义文化繁荣兴盛方面，更

---

① 黄培昭. 违背宗教信仰，被指欺骗民众，沙特政府把巫师送上断头台［J］. 环球人物，2011（34）.

应发挥表率作用。①

【适用范围】文化建设、文化走出去的大国担当责任。

【案例呈现】电视有着自身的社会良知与文化责任，而要承担起这份应负的社会良知与文化责任，离不开它的把关人——电视制作和传播的工作者的清晰而高度自觉的文化理念，以及对电视文化建构的责任、使命和追求的理性与自觉。因为，任何电视文化产品，都是经过电视工作者的创造与选择才能够面世的。其质量的高低、核心价值蕴涵的多少、社会影响力的大小无不与电视人的思想价值取向、聪明才智和具体运作密不可分。2007年，国家广电总局曾连发十多个通知、通告和禁令，严厉批评一些电视台制作粗劣、格调低下的电视节目，并立刻叫停一些栏目，在全国广电系统引起强烈反响。国家广电总局为何要拍"惊堂木"，甚至亲自上阵当"灭火队员"？完善的影视制度和监督机制是一个方面，电视工作者的文化自觉意识是另一个方面。国家广电总局所点到的一些电台和电视台，只是问题突出的几方面代表，实际上存在这样那样违纪违规行为的远不止这些。这充分说明，时下仍有一些电视传媒节目确实存在文化价值判断错位，造成偏颇甚至反向引导的现象。社会呼唤电视工作者文化责任，回归到服务人民大众的本原，回归到社会主义核心价值体系的本质上来。②

144. 文化信仰

【词条来源】赵启正《国人信仰是文化信仰》。

---

① 陈海峰. 文化自信与企业文化责任 [J]. 企业文明，2018（8）：24.
② 宋振文. 文化自觉：电视工作者的社会良知与文化责任 [J]. 社科纵横，2008（10）：127－129.

【定义描述】文化信仰是指对本土的文化充满自信、坚定的信念，并且这种精神力量成为全体成员共同信奉的价值观。文化信仰的形成，是人们将思想情感和意识寄托于某种物象中，形成了被人们普遍接受的文化信仰。①

【内容概览】文化信仰是一种精神动力，同时也是人们在历史长河中安身立命的根本所在，通过少数民族服饰来阐述个人信仰，有助于夯实思想文化基础，树立积极的生活态度，提升自信心。社会是处于不断变化之中的，不同文化表现出的文化信仰相对稳定。民族服饰图案形式多样，所表达的内容同样有所差异，但是深入观赏，可以感受到潜在的少数民族人们的情感诉求和民族身份，同时具有特殊的民族文化功能，是文化传承和发展的重要载体。② 所以，民族服饰图案与文化传承息息相关，应该注重民族服饰图案优化设计，彰显文化信仰，被更多人所接受。

【适用范围】文化精神领域。

【案例呈现】说年味是一种信仰，实际上是指文化信仰，它首先表达的是对生生不息的生命力量的崇敬。比如，对很多中国人来说，过年的一个重要活动是祭祖。不管是在祠堂里对着祖先牌位、画像鞠躬，还是到先人坟茔前祭拜，不同方式中蕴藏的情感是一样的，那就是对先人的缅怀、对家庭的重视。在这个"天涯共此时"的节日里，家成了一个团圆温暖的空间，祭祖成了家庭成员联系血脉、沟通情感的重要途径。在对先人品德的追忆中，人们既敬重传统，更对未来的

---

① 刘晨. 文化信仰在少数民族服饰图案中的彰显 [J]. 智库时代，2019 (33)：258.
② 王迪. 红瑶民族服饰文化中的宗教传说元素 [J]. 西部皮革，2018, 40 (3)：72 - 73.

美好生活充满了憧憬。因此有人说，过年祭祖犹如给自己"充电"，牢记自己从哪里来，再想一想今后要到哪里去，告诫自己始终要堂堂正正做人、勤勤恳恳做事，千万别给先人丢脸、别让家人蒙羞。这种朴素真挚的情感，其实也是家国情怀的一种表现形式，年味亦因此而更浓。

其次是对中华优秀传统文化的继承和发扬。对中国人来说，春节是又一轮时序的开始，蕴藏着人们对新年的诸多美好期待。春节里的各种传统民俗，无论是守岁、贴春联，还是除尘、沐浴等，无不体现了辞旧迎新的主题和中华民族革故鼎新的精神。古人常讲："苟日新，日日新，又日新。"商朝国君成汤还把这句话镌刻在澡盆上，意在提醒自己洗澡时要祛除肌肤上的污垢，让身躯焕然一新；后人把它引申到道德修养上，提醒自己每天洗涤思想上的污垢，做到"澡身而浴德"。除旧布新、改革创新等民族精神就是这样潜移默化地融入各种民俗，沉淀为中国人最深沉的文化基因，并转化为不断进取的自觉行动，展示出一个国家和民族奋发向上的精神风貌。[①]

145. 文化尊严

【词条来源】出自湖南日报数字报刊中的文章《被辱没的文化尊严》。

【定义描述】文化尊严是指文化拥有应有的权利，并且这些权利被其他人和国家所尊重。简而言之，文化尊严就是文化方面的权利和姿态被尊重。

【内容概览】文化尊严，就是文化所应有的纯洁性、独立性、独

---

① 向贤彪. 年味是一种文化信仰［N］. 江西日报，2019 – 01 – 31（010）.

特性、严肃性、多元性、先锋性等特质在一定的社会条件下所应享有的地位，应当受到的肯定、尊重与保护。① 文化尊严说到底是民族尊严、人类尊严、历史尊严。文化尊严，是一个时代性、科学性、实践性很强的命题。中国进入建立社会主义市场经济体制新的时期后，随着物质财富的极大增长，社会体制的剧烈变动，价值体系的重建，思想的多元，文化本身的嬗变，文化尊严的内涵与外延发生了相应的变化，文化尊严受到来自各方面的挑战。

【适用范围】外交辞令、文化走出去。

【案例呈现】我一个朋友的父母来德国，在一家中国餐馆吃了一个跟正宗宫保鸡丁的味道和样子相差十万八千里的"伪"宫保鸡丁。她的父亲去责问餐馆为何味道相差甚远，人家回答说，这里是专门做给德国人吃的。多少年来，中国餐馆总是在想方设法适应当地人的口味。但事到如今，它在海外已经成了廉价餐馆的代名词。我们中国美食文化的优势，在我看来，已经消失殆尽。我家附近有一家很小的日本餐馆，每天晚上人头攒动，他们的餐单很简单，就几种菜，价格也不菲，但做的是地地道道的日本菜。不管什么客人来，他们摆出的永远是"一双筷子"。有一次，一个德国人请求换成刀叉，说他不会使用筷子。端盘子的日本女孩子礼貌而客气地告诉他，日本菜就是用筷子吃的，他应该试一试，德国人试了，很高兴，很满足。如果一个中国人在法国餐馆想要一双筷子，我相信服务员会客客气气地把他带到门外，对他说，往前100米再左拐，那里有家中国餐馆，去那里用筷子吃吧！他们宁可失去一个客人，也不愿随意迁就。这不是傲慢，而是坚守。在很多时候，

---

① 朱昌平. 论文化尊严［J］. 宁夏大学学报（人文社会科学版），2010（5）：147 - 149.

文化不应该融合，因为融合等同于消失。如果一个人热爱某一种文化，就应该带着崇敬坚守它。有了这份坚守，我们的文化才会绵延不断地一代代传递下去，永远保持它真正的尊严和价值。①

146. 文化交流

【定义描述】广义上，指双向和多向的文化传播；狭义上，特指双边或多边之间以某种"小文化"内容为中心进行的相互介绍、借鉴、学习、探讨的学术交往活动。文化交流包括群内文化交流和群外文化交流两种。前者如文化群体内由各种不同观点的人聚合的各种沙龙、研讨会等；后者如国际间的各种形式的文化访问、国际学术会议等。通常意义的文化交流指群外文化交流。

【内容概览】人们通过文化方式所实现的相互影响。由于社会生活的复杂性，文化内容是极为丰富多彩的，它们从不同的侧面、不同的角度、不同的渠道反映社会生活，体现人们的文化创造能力。而且，创造文化产品的人们，又分别具有自身的特殊性，不仅不同时代不同民族的人们会形成不同的文化人格，而且同一时代同一民族的人们，各自的文化人格也不会一致。人们之间不同的思想意识、文化素养、能力禀赋、兴趣爱好等，必然会相互影响，相互传递。这就是文化交流过程。与物质产品的交换不同，文化交流不会使文化产品的创造者失去自己的产品，人们不必以付出自己产品为代价来取得别人的文化，而是在保持自身文化的基础上来接受别人的文化影响。因此，文化交流的结果只会使不同的文化拥有者在相互学习中获益。正因为如此，所以叫文化交流，而不叫文化交换。文化交流对于文化的繁荣和

---

① 程玮. 坚守文化有尊严 [J]. 创造, 2018（6）：83.

发展具有重要的作用。它能够活跃人们的思想，发现、总结和推广积极的文化成果，使整个文化事业在相互借鉴、相互补充中繁荣兴旺。

【适用范围】文化展示、文化合作体。

【案例呈现】（1）"汉语热"成为全球潮流。比较有代表性的是孔子学院在各地的建立以及孔子课堂的推广。例如，在孟加拉国，除了开设孔子课堂，还开设了网络孔子课堂，在交流过程中形式多样化，如举办中文歌曲大赛、文化节等各种活动，中国与孟加拉国的文化交流日益密切。在全球设立的孔子课堂，现在都已经形成各自的特色，发挥着各自的优势。（2）双向旅游推动了国家之间的文化交流与共享。我国与周边国家的旅游市场在逐步升温。以俄罗斯为例，随着中国护照含金量升级、免签政策的实施，2017 年，中俄两国游客互访量均突破 150 万，俄罗斯也正从开设自驾线路、减少团队旅客人数限制等方面做出努力。我国与俄罗斯之间在旅游上的交流会更深入、更密切。如每年举办一届的丝绸之路和海上丝绸之路国际艺术节、中埃文化年、中卡文化年等活动，都是国家之间的文化交流与共享。①

147. 文化营销

【定义描述】以"文化"相关的内涵与元素去诠释品牌独特性的营销方式，就称为文化营销。它的外延很丰富，大概有 7 大营销范畴。源头营销：为品牌寻根问祖，塑造一种独特文化背景，以彰显品牌优越性。故事营销：在产品设计与营销中，都以一种文化故事和元素来包装，以提升产品附加值。跨界营销：利用其他品牌的文化背景来提

---

① 张慧娟．"一带一路"倡议下文化交流与共享研究［J］．中国报业，2019（10）：34－35.

升自己品牌的附加值。艺术营销：利用艺术展览等文化相关的品牌营销方式，以增加品牌格调。图书营销：利用图书出版的营销方式来诠释品牌内涵。背书营销：和跨界营销类似，利用他人的文化背景，背书自己的营销。公益营销：和公益项目合作，或者自创公益活动，为品牌增加情感价值。

【内容概览】深厚内涵的文化，不仅能够引起消费共鸣，更能体现产品特点、丰富品牌内涵、提升品牌附加值。在奔涌而来的文化浪潮中，各行各业都火速开展"文化营销"，让历史会说话，让文化打动每一个人。基于特定社会文化进行营销。① 由于文化市场营销过程中交换的是文化产品的价值，而交换各方对价值的判断深受其价值观、信仰和生活方式等文化因素影响，因此，为促进交换的完成，文化企业会在营销过程中有意识地研究和利用语言、文学、宗教信仰、价值观、道德规范、民风习俗、审美观和教育水平等文化要素的积极影响，规避其消极影响，从而谋求与顾客在价值观、思维方式和行为规范等方面的一致性。

【适用范围】文化产品、文化会展。

【案例呈现】"在文化历史资源供给、文化产品销售较有把握的情况下，也可将合同期满的三来一补文化企业转为文化自营企业，获得最好的经济效益和社会效益，形成独立的文化营销市场，也有利于逐步建立完整的文化工业体系。"

148. 文化休克

【词条来源】1958 年美国人类学家 Kalvero Oberg 提出一个概念，

---

① 麦青.2019 年美妆行业营销新趋势：文化营销［J］. 日用化学品科学，2019，42（5）：30 - 31.

即"文化休克"。

【定义描述】 王维波和车丽娟（2008）认为文化休克是当人们进入全新的环境，尤其是对所到达的新国家的文化较为抵触的情况下所产生的焦虑感。文化休克使得人们缺乏方向，不知道在新的文化环境中要做什么和怎么去做，以及不知道什么是合适的和什么是不合适的。

【内容概览】 文化休克的症状总体来看可以分为两个层面：生理症状和心理症状。生理症状可能有睡得太多或者毫无睡意，吃得太多或完全没有食欲，肠胃消化出现问题，甚至出现头痛、头晕等其他生理病症；心理病症则主要有沮丧、想家、易怒、焦虑、孤单、无助、社交回避、过分担心自己的身体和安全状况等。[①] 留学生的文化休克现象大体上分为四个阶段：蜜月阶段、挫折阶段、调整阶段、适应阶段。留学生即使在出国前对目的地国有所了解，但是真正踏入异文化环境中还是无可避免地会产生文化休克现象。[②]

【适用范围】 社会环境，文化交流活动。

【案例呈现】 据报道，一位远渡重洋的出国留学生，当他只身远离故乡、亲人之后，异国的情调、拥挤的交通、紧张的学习生活、不合口味的饭菜，使这位留学生整天焦虑不安，以致出现血压变化、心悸失眠、不思饮食、惶惶不可终日，最后终于因无法继续坚持学习而退学，令家长和老师惋惜不止。这种对新环境极不适应的现象，被称为"文化休克"。"文化休克"的产生，固然与人的高级神经活动类型有关，如强的、均衡的、灵活的神经类型对变动的环境较易适应，而

---

① 杨佳惠. 跨国公司外派人员的文化休克与应对策略［J］. 当代经济，2019（6）：138－141.

② 孙名瑶. 来华留学生"文化休克"现象及应对策略研究——以江苏卫视《世界青年说》为例［J］. 汉字文化，2019（8）：60－62.

弱的神经类型，对环境的改变则较难适应，但更重要的，与生活的磨炼和学习训练有关。面对 21 世纪激烈竞争的社会环境，"五分加绵羊"式的教育，"片面追求升学率"的"应试教育"，家庭中"小皇帝""小太阳"式的教育，都是不可取的。培养心理适应能力和对环境应激刺激的耐受力，是学校和家庭教育的重要一环，应当成为每位学生的必修课。这需要让孩子从一点一滴做起，使他们学会在困难、挫折的逆境中生存、成长。学校也可设置一些模拟课程，如远足、急行军、探险等活动课程，以加强学生的身心训练，从根本上提高他们的社会适应能力。

149. 文化全球化

【定义描述】文化全球化是对全球文化关系和结构变化的回应，是全球化的一个重要组成部分，具有超越社会制度和意识形态分歧，促进一切文化形态之间的对话、沟通和交流的特征。

【内容概览】文化全球化的大时代背景，其根源是全球经济你中有我、我中有你的发展格局。在世界经济的发展过程中，各国都无法独善其身，必须融入全球经济的发展大潮中才能获得更多的发展机遇。中国文化的发展也同样是中西方文学、文化的融合发展，只有这种相互融合的发展才能为中国文化发展增添活力。不过，在文化全球化的大融合中，始终需要坚持洋为中用，古为今用，这样才能有利于中国文化的和谐发展。事实上，全球化趋势在引领文化多元化发展的同时，必然能加速各民族文化的自我改造与重建，实现全球范围内新的文化身份定位与认同。① 对文化全球化的认知，存在着三种不同的

---

① 马晓欢. 全球化视阈下的中国文化发展趋势分析［J］. 智库时代，2019（32）：3 - 4.

类型：（1）把文化全球化看作是经济全球化的结果，文化全球化的结果是均一化、同质化，被称为全球文化同质论；（2）认为全球化并非一元化，而是同质化与异质化、全球化与本土化辩证并行的过程，文化全球化只有在追求多元化时才具有价值；（3）否认文化全球化的存在，认为文化或文明之间存在冲突。在文化全球化时代，全球各文化体系间的相互开放、相互交流与融合在广度和深度上都是前所未有的，这为重新审视固有文化的发展模式和评判标准提供了广阔的视角。以文化形式存在的全球化所隐含的全球化矛盾与斗争更为复杂，是社会发展必须予以面对和警惕的重要问题。

【适用范围】文化交流，文化活动。

【案例呈现】历史和实践证明，一个民族（国家）只有在坚持自我特质的基础上，充分汲取其他民族（国家）先进的异质文化的养分，兼容并蓄，才能与时俱进。因而，在今天的全球化时代，推进文化现代化建设，不能搞民族保护主义，闭门造车，拒斥外来先进成果，也不能搞民族历史虚无主义，崇洋媚外，尽弃原有传统；既不能故步自封，闭目塞听，也不能照搬照抄，邯郸学步。应依据自身的具体国情，强化民族主体意识，树立文化自信，结合现实生活的实践，把西方先进文明与中华文明有机结合起来，努力吸收世界各民族的优秀文化成果，通过文化整合建构中国人民所能理解和接受的民族文化形式与内容，开创新的中国文化，促进文化民族性和世界性的辩证统一。①

---

① 贾亚南，白雪. 全球化时代境遇中的文化自觉与文化主体重塑［J］. 人文天下，2019（11）：72–76.

四、学理类

150. 文化多元倾向

【词条来源】M. L. Miville 等提出的用以表述在跨文化环境下个体对于文化多样性所持有的态度倾向的一个多维度概念。①

【定义描述】文化多元倾向是指消费者对于文化多样性的一种态度倾向，即个体对于那些在文化方面与其既存在相似性又存在差异性的来自其他文化背景的人和物所持有的一种认可和接受的态度②。

【内容概览】文化多元倾向既包括个体对自身与来自其他国家和文化背景的人之间存在的文化共通点的识别，又涵盖了个体对他们之间存在的文化差异点的接受和认可程度，它包括 3 个维度，即接触多

---

① MIVILLE M L, GELSO C J, PANNU R, et al. Appreciating similarities and valuing differences: the miville – guzman universality – diversity scale ［J］. Journal of Counseling Psychology, 1999 (3): 291.
② 李凌慧，曹淑艳. B2C 跨境电子商务消费者购买决策影响因素研究 ［J］. 国际商务：对外经济贸易大学学报，2017 (1): 151.

样性、差异反感度和相对性识别。[①] 接触多样性反映了个体面对文化多样性的一种积极态度倾向，接触多样性倾向高的个体思想开放且对外国文化感兴趣，他们往往会积极地参与多样性的、国际的社会文化活动。差异反感度反映了个体面对文化多样性的一种消极态度倾向，差异反感度倾向高的个体对外国文化比较排斥和反感，他们在与来自其他文化背景的人交往互动时会产生一种紧张不安、不舒服的感觉。相对性识别反映了个体面对文化多样性的一种相对理解、充分认识的无偏见态度倾向，它衡量的是一种自我比较行为，即个体在面对一切外来物时首先会比较其背后蕴含的文化与自身文化，进而处理所获得的文化差异信息，从而更好地理解和认识彼此文化的相似性和差异性。[②]

【适用范围】（1）对于文化产品"走出去"来说，文化多元的背景下也会存在流行文化和主流文化，同时也会有小众文化。文化的判定标准和价值也不是一成不变的，哪怕是在同种文化中，产品的价值也并非从其问世之初就受到追捧。（2）对于文化产品"请进来"来说，文化多元，能让我们的文化消费者在不出国门的情况下，依然能享受外来文化的精髓。

【案例呈现】上海卫视推出的真人秀节目《中国达人秀》是一档购买了英国的《英国达人》版权的节目。节目从形式到内容完全沿袭了《英国达人》的方式，其中心主旨是实现身怀绝技的普通人的梦

---

① FUERTES J N, MIVILLE M L, MOHR J J, et al. Factor structure and short form of the miville guzman universality－diversity scale ［J］. Measurement and Evaluation in Counseling and Development, 2000（3）：157.

② 李光明，王蒙蒙. 文化折扣还是文化增值? ——文化多元倾向的多维效应分析 ［J］. 郑州轻工业学院学报（社会科学版），2018，19（4）：66.

想。除了吸收和借鉴国外成熟的真人秀节目外，我们的电视媒体也在开始思考如何打造自己的真人秀节目。2014 年年初，由央视与灿星制作团队打造的一档真人秀节目在央视三套播出，这就是《中国好歌曲》。这档节目可以说是脱胎自《中国好声音》，但是与之相比有了不少的改变。首先这个节目着意原创，四位导师挑选十二首金曲进入自己的原创大碟。节目的总导演金磊试图把这档节目当成中国原创音乐的温床。这个节目的出现体现了电视媒介的开放性与文化多元倾向，除了在娱乐性上吸引观众的注意力之外，它还以它的开放性吸引到了更多的观众和更多的音乐元素。除了简单的歌唱比赛外，节目还把更多的音乐艺术纳入电视中，比如在盲选阶段是每位选手演唱自己的新歌，用歌曲本身打动导师，到了第二阶段就由导师为这首原创歌曲重新编曲进行演唱，决赛阶段更是邀请大牌艺人与学员共同演绎这首歌曲。相同的歌曲因为编曲的不同和演唱人员的改变会让观众有耳目一新的感觉，并且还从中得到许多音乐知识。①

151. 文化相似性

【词条来源】塞梅尔是最早将研究目光聚焦在文化相似性与文化适应间关系的学者之一。他以此为命题展开论述，选取旅居商务人士、旅居学者等不同的样本为研究对象，采用定性和定量的研究方法进行了一系列的实证研究，揭示出该命题中的一些难题和焦点，将文化适

---

① 梁春竹，杨焘鹏．浅论中国真人秀节目文化的多元倾向戏剧之家，2014（11）：146.

应研究向前推进了一步。①

【定义描述】文化相似性是指跨文化背景下个体之间的文化共通之处，对文化相似性的认知有助于人们的互动连接。

【内容概览】文化相似性主要指民族文化，包含风俗、穿着、日常生活、当地建筑风格、语言、文化等在各个区域内存在的有着联系的文化现象。文化的相似随着时间的更迭、空间的位移会发生变化和优化，这也是文化相似性发展的普遍规律。

【适用范围】适用各国文化的对比研究，同样适用各种文化建筑风格、语言、服饰、生活习惯的对比研究，通过分析比较求同存异，选择最合适的方案。

【案例呈现】通过文化相似性分析旅居者与东道国的文化相似与差距，为旅居者提供认知参照。以往关于文化相似性与文化适应间关系的研究大多认为，旅居者的原文化与东道国文化间的文化差距越大，旅居者面对的文化新鲜感越多，其在东道国的文化适应越是困难，旅居者与东道国国民间的双向文化适应越是困难；反之，旅居者的原文化与东道国文化间的文化距离越小，旅居者面对的文化新鲜感越少，文化适应难度越小，相互间的双向文化适应难度越小。②

152. 文化差异性

【词条来源】由荷兰心理学家吉尔特·霍夫斯泰德提出，*Hofstede's*

---

① SELMER J, SHIU L S C. Coming Home? Adjustment of Hong Kong Chinese Expatriate Business Managers Assigned to the People's Republic of China. International Journal of Intercultural Relations, 1999, 23 (3): 447 – 463.

② CALIGIURI P M, PHILLIPS J, LAZAROVA M, et al. The Theory of Met Expectations Applied to Expatriate Adjustment: The Role of Crosscultural Training. The International Journal of Human Resource Management, 2001, 12 (3): 357 – 372.

cultural dimensions theory 是他提出的用来衡量不同国家文化差异的一个框架。他认为文化是在一个环境下人们共同拥有的心理程序，能将一群人与其他人区分开来。通过研究，他将不同文化间的差异归纳为六个基本的文化价值观维度：（一）权力距离（Power Distance）维度指的是某一社会中地位低的人对于权力在社会或组织中不平等分配的接受程度；（二）不确定性的规避（Uncertainty Avoidance）维度指的是一个社会受到不确定的事件和非常规的环境威胁时是否通过正式的渠道来避免和控制不确定性；（三）个人主义与集体主义（Individualism versus Collectivism）维度是衡量某一社会总体是关注个人的利益还是关注集体的利益；（四）男性化与女性化（Masculinity versus Femininity）维度主要看某一社会代表男性的品质如竞争性、独断性更多，还是代表女性的品质如谦虚、关爱他人更多，以及对男性和女性职能的界定；（五）长期取向与短期取向（Long – term versus Short – term）维度指的是某一文化中的成员对延迟其物质、情感、社会需求的满足所能接受的程度；（六）自身放纵与约束（Indulgence versus Restraint）维度指的是某一社会对人基本需求与享受生活享乐欲望的允许程度。①

【定义描述】文化差异性是指个体体现在文化方面的差异（如种族、信仰、语言等），这些差异影响着跨文化的个体与个体之间的有效互动。②

【内容概览】文化差异性会带来文化差异反感度：（1）差异反感度会对感知价值认知产生负面效应。差异反感度倾向高的消费者，对

---

① 维基百科，引用日期 2015 – 01 – 29.
② STRAUSS J P, CONNERLEY M L. Demographics, personality, contact, and universal – diverse orientation: an exploratory examination［J］. HumanResource Management, 2003（2）: 159.

外域文化和外域人比较排斥和反感，他们在与来自其他国家和文化背景的人交往互动时会产生一种紧张不安、不舒服的感觉。（2）差异反感度倾向高的消费者倾向于避免从不熟悉的外域文化中提取新的观念，从而表现出较高的认知闭合需要。（3）较高的认知闭合需要会促使消费者遵守母国文化规范，不能容忍任何破坏母国文化生存活力的行为，此时消费者的母国文化认同的通达性较强。① （4）对母国文化认同的消费者更可能将外域文化产品与母国文化产品的竞争甚至威胁联系起来，认为外域文化产品影响了母国的经济发展和生活方式，会促使他们对外域文化产品产生消极的评价。②

【适用范围】在后期现代社会中，文化冲突成为主要矛盾。我们需要了解文化差异下对跨文化交际具有影响的相关的因素，增强跨文化交际意识和能力，减少跨文化交际中的文化误读。③

【案例呈现】文化差异对消费者需求产生影响，文化差异影响消费者的购买习惯，文化差异对消费者消费偏好产生影响。比如，一种商品在这个国家广受欢迎，但是在另一个国家却出现无人问津的情况。在东方文化中，红色代表着喜庆、祥和，但是在西方人的认知里，红色却没有这样的意义。所以在制定跨境电商网络营销策略的过程中，还应该充分考虑文化差异对于消费者购买偏好的影响，从而有效

---

① 杨晓莉，刘力，张笑笑. 双文化个体的文化框架转换：影响因素与结果［J］. 心理科学进展，2010（5）：840.

② 郭晓凌，张银龙，康莹仪. 发达国家消费者如何评价来自新兴发展中国家的全球品牌——基于全球认同与当地认同视角的分析［J］. 营销科学学报，2014，10（1）：52.

③ 付娟娟. 从文化差异透视影响中西方跨文化交际的因素［J］. 英语广场，2019，102（6）：59.

提升营销效果。①

153. 文化阐释

【词条来源】伽达默尔突破其时间性解释学的限制，首次谈论到文化阐释的问题。他在《欧洲的遗产》（Das Erbe Europas，1989）中强调，不同文化之间的一体化应该从差异中学习："这种目的不是（单边地）掌握或者控制，而是我们有责任去体验确实异于我们预判背景的他者性。在这种语境中，我们所奋斗的最崇高的目标就是参与他者，分享他者的特异性……这样，为了互相分享，我们可以学习把他者性和其他人类作为'我们的他者'加以体验。"②

【定义描述】文化阐释是指各民族交往中形成的主体间性和文化间性，并通过对话达成文化视域的融合，进而理解和阐释他文化文本的意义。另外，文化阐释也有其有限性，存在着文化之间的不对称性导致的视域差异，因此文化阐释也有不合理性和偏向性，也包括对阐释文本的批判。合理的文化阐释在于阐释视域的开放性和先进性。

【内容概览】文化阐释的内容具有两重性：一方面，文化阐释具有可能性，因为存在着主体间性和文化间性，可以达成互相理解；另一方面，文化阐释也存在着有限性，因为它不能完全弥合文化差异，导致理解的不充分。换一个角度看，文化阐释的两重性也可以理解为：一是文化阐释具有合理性，它可以消解文化间的差异形成文化间性，从而理解他文化；二是文化阐释又具有不合理性，这是由文化间的不

---

① 梁丽华. 基于文化差异下跨境电商网络营销策略分析［J］. 现代营销（下旬刊），2019（7）：164.

② 约斯·德·穆尔. 阐释学视界——全球化世界的文化间性阐释学［M］//汝信. 外国美学：第20辑. 麦永雄，方颖玮，译. 南京：江苏教育出版社，2012：323.

平等性和视域融合的不充分性造成的，这正是后殖民主义理论和话语权力理论所强调的。①

【适用范围】语言层面阐释、文化观念阐释、本土文化阐释、文化立场阐释。但文化阐释要尽可能避免"以自己之心，度他人之腹"，以防产生文化偏见。

【案例呈现】中国接触西方之初，是排斥和歧视西方文化的，认为西方文化是无父无君、不孝不忠的蛮夷文化。后来在彼此的交往（包括军事、经济、政治、文化的冲突和交流）中，逐步理解和接受了西方文化（当然也有保留），中西文化之间产生了文化间性，于是"五四"时期就发生了引入西方现代文化的新文化运动，并且产生了与现代文化融合的现代中国文化。同样，西方文化也逐步改变了对中国文化的偏见（尽管还有保留），理解了中国文化。总之，文化间性为文化阐释提供了可能，文化阐释就是在文化间性的基础上进行的。②

154. 文化间性

【词条来源】约斯·德·穆尔从文化传播的角度提出了文化间性的概念，做出了"文化间性学"的设想，并提出文化解释学的可能性在于文化间性，与主体间性对应，也就酝酿出了"文化间性"概念。

【定义描述】文化间性，应该理解为主体间性在文化上的表现形式，是文化之间的可沟通性。在各个民族的文化中，生活态度和价值观念、思维习惯和认知方式各不相同，造成了彼此理解的障碍。"文明的冲突"理论揭示了这一点，但是它夸大这种障碍，认为民族文化

---

① 杨春时. 文化解释学引论 [J]. 东南学术, 2019 (4): 56.
② 杨春时. 文化解释学引论 [J]. 东南学术, 2019 (4): 64.

之间的冲突是难以克服的。事实上，文化之间虽然存在着差异，但还存在着沟通的可能，这就是"文化间性"。

【内容概览】文化间性的产生从根本上说是源于人类的理性，它造成了人类文化的统一性。古典时代的文化交流还不充分，而在现代社会，不同民族之间的交流加强了，孤立的生活方式被打破了，形成了主体间性，也产生了文化间性。文化间性是不同民族文化之间交流、影响的产物：在互相交流中，每个文化体系都具有了开放性，并且发生了改变，带有了他文化的因素，可以理解、接受他民族的文化，形成了文化融合的趋势。随着现代化、全球化的发展，这种趋势会日益加强，人类文化共同体得以形成，这就产生了文化间性。①

【适用范围】文化立场、文化内容阐释、文化场景。

【案例呈现】法兰克福学派代表人哈贝马斯建议，在全球范围内建立起一种话语性的"文化间性"关系作为关注点。文化间性作为主体间性理论在文化领域的延伸和发展，在本质属性上与主体间性一脉相承，其既要坚守对自身文化身份的认同，同时也要与其他文化相融、相涉，从而达到文化之间的共生、共存。哈贝马斯注重文化"差异"与"同一"的关联性，他推行在全球化进程中，"差异"与"同一"一直是各民族面对自身文化何去何从时，所争执不下的两种路径。从辩证的角度看，以同一性为特征的文化霸权主义忽视了文化的差异性，而以异质性为特征的文化保守主义则忽视了文化的整体性，二者都割裂了文化间性的有机联系。针对这一矛盾，哈贝马斯的"文化间性"理论提出了解决思路，就是不同文化之间要秉承相互尊重、相互

---

① 约斯·德·穆尔. 阐释学视界——全球化世界的文化间性阐释学［J］. 外国美学，2007（20）：330.

理解、相互宽容的态度来保持一种和谐稳定持续的对话关系，在承认"他者"文化主体地位的前提下，能够在差异中相互学习和借鉴，在"他者"视域中反观自己，探寻文化间的关联地带，进行文化意义的重组与革新。虽然每一种文化本身都是完整的体系，但就实际而言，只有在与其他文化主体之间产生关联时，它自身存在的意义才能显现出来。目前，世界图景呈现出文化多元的局面，部分民族虽然表面上强调对于多元文化应具有理性的包容态度，但是在经济全球化浪潮中，各民族文化还是有一种越来越被现代科技文化融入的趋势。面对这种现象的可能解决途径就是，将文化间性理论作为跨文化研究内在理论机制，在保证自我与他者文化主体地位的基础上，形成相互尊重、理解、宽容、融合的交流范式，在文化的关联重组中，迸发出新鲜的文化血液。与此同时，我们对于西方的文化间性理论仍要保持批判的审视。

155. 文化误读

【词条来源】20世纪60年代，罗兰·巴特（Roland Barthes）提出"作者之死"，开启了消解作者及文本权威的时代。至此读者对文本的开放性阐释受到学界关注，文本意义的"自足性"渐渐隐去。如果说罗兰·巴特是"误读"的践行者，那么哈罗德·布鲁姆（Harold Bloom）便是把"误读"理论化的第一人。他把"一切阅读皆误读"①作为口号指导读者的创造性阅读体验。接下来，解构主义的核心代表人物德里达推崇"延异"，进一步解构了语言的逻各斯，真正把阅读同阐释联系起来。他认为任何语言都没有固定不变的语义中心，"一

---

① 章国军. 名著复译与误读［J］. 外国语，2013（4）：102-105.

千个读者眼中有一千个哈姆雷特",指的就是相同的语言符号(《哈姆雷特》的文本)在不同的读者眼中存在不同的解读方式。

【定义描述】"误读"(Misreading)原指"错误地阅读或阐释文本或某一情境"。① 显然,最初"误读"与"正读"相对。从表面看来,对原文的"阅读理解"存在标准答案,这种生硬的解读方式叫"误读"。

【内容概览】文化误读主要是因为人们面对不同种类的文化时,很难摆脱自我文化传统和思维方式的"本我意识",而是以所熟悉一切的"他我意识"去解读异文化。然而,"个体、一元、本我"与"整体、多元、他我"的这种对立关系并不是绝对的,而是相对、可理解、可包容的。因为,无论是西方文化、中国文化还是其他多元世界文化,都是整体世界文化中不可或缺的部分,两个个体之间的跨文化解读也好,个体与整体之间的跨文化对话也罢,都能在这种对立统一的关系中既明确自身价值又寻到文化认同。

【适用范围】文化内容产品、文化舶来品、文化事件、文化语言描述。

【案例呈现】以 Yoruba 的线条文明以及 Polynesians 的刺青文化为例。面对这种雕刻艺术,很多人会率先以自己的社会经验及审美趣味(即"期待视野")为标准,认为这种身体上的雕刻艺术仅仅是一种"行为艺术",甚至还会将其背后的文化内涵误读为某种"纪念"或者"象征"符号。宋开之也曾说,上海人遇到摩梭人的"婚姻摩梭制"时,就有可能从他们的婚姻制意义中找到自以为相应的解释内容,将"婚姻摩梭制"解释为摩梭人的性解放或"无限制"的性冲动,这种

---

① 赵一凡. 关键词 [M]. 北京:外语教学与研究出版社,2006:6.

解释可能与被解释者毫不相干，因而就造成了文化的误读。以文学翻译中产生误读的现象为例，美国新诗运动领袖艾斯拉·庞德在翻译唐诗人王维《送元使安西》一诗时，将"劝君更尽一杯酒，西出阳关无故人。"翻译为"But you, sir, had better take wine ere your departure, For you will have no friends about you, When you come to the gates of Go."。首先，从形式上来说，原文的两行译成了三行，失去了我国古诗词的对仗形式美。其次，"西出阳关"在中国文化中是指从军或出使的一种壮举，代表阳关外景色的广袤、遥远之景和人们的向往崇敬之情。而庞德的译文"gates of Go"将这一要塞之门泛化，淡化了"西出阳关"的这种中国古文化的壮美之感。这种误读从微观上说，是由于外国学者对中国古文化内涵的不甚理解，以及对中国地理环境整体把握的不熟悉；而宏观看来，则是作为本体的西方文化，因西方文化个体范围的局限，对世界整体文化中他国文化的难以理解，致使个体与整体交流过程中出现误读现象，体现出个体与整体之间的对立关系。①

156. 文化形象

【词条来源】国家文化形象的概念在西方并没有明确提出，但实际上西方国家早就通过输出自己的价值观和生活方式，去塑造自己国家的文化形象。而西方人通过早年到过中国的传教士等人的视野，以及全球化时代以来对中国的了解和新闻报道等，也在建构着自己眼中的中国国家文化形象。

---

① 张璇. 文化误读：文化的新的生成方式——兼论中国传统文化的理想重建［J］. 中国民族博览，2019（2）：211-213.

【定义描述】国家文化形象指一个国家的文化在他者心中，在国际舞台上，以及在自己国民心中留下的整体印象，国家文化形象的定义表明了它的双重内在构成机制：由自己的国民（自我）对本国文化形成的整体印象；由国际人民（他者）对该国文化形成的整体印象。

【内容概览】对于文化形象的内涵，国内学者分别从文化整体的宏观视角和文化内部构成的微观视角加以论证。沈壮海认为，一个国家的文化形象是一个国家的整体文化，在国际舞台上的其他国家和国内大众眼中的印象。贾磊磊认为，文化形象是通过一个国家积累的一系列文化成果所体现出来的这个国家、民族的总体风貌。孙英春认为，文化形象既是文化传统的保护和传承、文化创新力、文化生活质量、文化内容和文化结构、文化制度和文化观念的集中体现，也表征着国民素质、民族性格和精神风貌，是判断国家的国际影响力和美誉度的重要标尺。吴磊认为，文化形象是对一国的文化传统、文化制度、文化结构、文化内容、文化创新等方面或独立或综合的评价。①

【适用范围】文化外交、文化传播、对外宣传。

【案例呈现】虽然西方对中国文化形象的研究由来已早，但直接以此为主题的研究少之又少，相关研究大多散见在关于中国整体崛起的研究中，或针对于中国人的精神面貌、文化发展、行为方式、外交政策的报道和研究中。比较著名的有约瑟夫·奈的《中国软实力的崛起》，以及收录在《美国世纪结束了吗》这本专著中的《中国的崛起》，雷默的《中国形象：外国学者眼里的中国》（专著），美国学者约翰·海达德（John Haddad）的《中国传奇：美国人眼里的中国》

---

① 姚云. 中国文化形象的研究现状及版图［J］. 湖北社会科学，2018（5）：174 – 181.

（专著）等。其中唯有雷默详细论证了中国当前的文化形象，中国在今后要建构的是一个什么样的文化形象，以及如何建构这样的核心问题。除约翰·海达德之外，其他学者大多在论证中国国力提升时谈到中国文化实力的进展。①

157. 文化禀赋

【词条来源】禀赋效应是由 Richard Thaler（1980）提出的，它是指当个人一旦拥有某项物品，那么他对该物品价值的评价要比未拥有之前大大增加。禀赋效应可以用行为金融学中的"损失厌恶"理论来解释，该理论认为一定量的损失给人们带来的效用降低要多过相同的收益给人们带来的效用增加。因此，人们在决策过程中对利害的权衡是不均衡的，对"避害"的考虑远大于对"趋利"的考虑。大量的行为实验研究表明，"禀赋效应是人类行为的固有倾向，而非诱导的偏好"②。文化禀赋在各地的政府工作报告中时有出现。

【定义描述】文化禀赋是指以文化为依托，能够进行文化开发、文化生产、文化活动以及文化消费并能促进经济和社会发展的特殊资源。文化禀赋又叫文化资源禀赋，是人类在长期的生产和生活实践中为促进社会及自身发展所创造和积累的物质、精神资源，它是人类思想观和价值观的形成依据和来源，是人类社会一笔宝贵的物质财富和精神财富。

【内容概览】文化禀赋体现了各地区、各民族相对丰富的文化资

---

① ［美］约瑟夫·奈.美国世纪结束了吗［M］.邵杜罔，译.北京：北京联合出版公司，2016.

② 连洪泉，董志强，张沛康.禀赋效应的行为和实验经济学研究进展［J］.南方经济，2016（11）：95 – 112.

源要素，它是文化创意产业以及其他产业的重要投入要素。在社会经济的发展过程中，各地区、各民族依托其特色资源生产出优势文化产品，文化禀赋也因此成为提升区域竞争优势以及经济增长的内在变量。各地区文化禀赋指标包括非物质文化资源禀赋以及社会文化资源的数量和质量，其中非物质文化资源禀赋则是由非物质文化遗产名录数量以及非物质文化遗产传承人的数量等指标反映，社会文化资源的数量和质量则是由各地区博物馆、公共图书馆、文化馆、文化站等指标组成。

【适用范围】文化禀赋是由非物质文化禀赋以及社会文化资源的数量和质量决定的，所以文化禀赋适用于博物馆、公共图书馆、文化馆、文化站、国家级文物保护单位等所有人文资源。

【案例呈现】湖北省拥有丰富的文化资源禀赋优势，如以楚文化、三国文化、武当文化为代表的历史文化，以武昌首义文化和黄冈红色文化为代表的革命文化，以清江巴土文化为代表的民间特色文化和以神农架原始文化、长江三峡文化等为代表的生态旅游文化。近年来，湖北省文化产业的发展取得了较大的进步，但仍处于初级产业发展阶段，文化产业的生产能力较低，文化资源尚未得到充分利用，文化产业缺乏发展空间与市场拓展活力。因此，湖北省应该依托其丰厚的文化资源及科教资源优势，不断优化文化产业结构，促进文化产业发展，实现文化强省的战略目标。①

158. 文化要素

【词条来源】"文化"是中国语言系统中古已有之的词汇。"文"

---

① 李艳琼，张少华．文化资源禀赋对文化产业发展的影响——以湖北省为例［J］．人文天下，2018（9）：55-62.

的本义，指各色交错的纹理。《易·系辞下》载："物相杂，故曰文。"
《礼记·乐记》称："五色成文而不乱。""化"，本义为改易、生成、
造化，如《庄子·逍遥游》："化而为鸟，其名曰鹏。"《易·系辞
下》："男女构精，万物化生。"斯特恩 H. H. Stern 根据文化的结构和范
畴把文化分为广义和狭义两种概念。广义的文化即大写的文化（Culture
with a big C），狭义的文化即小写的文化（culture with a small c）。

【定义描述】文化要素（cultural element）即文化所包含的各种基
本成分，是指人类创造的一切可触及物质产品和可意会精神产品（包
括宗教、信仰、风俗习惯、道德情操、学术思想、文学艺术、科学技
术、各种制度等）的总和。

【内容概览】文化要素并不是孤立存在的，它的融入势必要与参
与者相互影响，走进人们的心里，勾起人们的记忆，使人们对其发生
反应。马洛斯的需求理论告诉我们，在公共空间里人们有生理需求、
归属于爱的需求、自我实现的需求等，所以注入文化要素必须满足人
们的各方面需求，可以通过不同手段进行设计，例如在灯光、材质、
声音、气味、样式、影像等多种方式上的传达对人的感官进行刺激以
至增强景观中文化要素与人的互动性，使文化景观真正给行人带来归
属感和愉悦感。①

【适用范围】适合于各种城市改造、人文景观设计。

【案例呈现】文化要素运用在城市景观设计中，例如北京的前门
大街经过重新整治，街上鸟笼挂灯、白色石鼓凳，许多著名商号建筑
上挂着历史老照片等，都是同旧环境相融的新元素。景观设计中文化

---

① 黄淇麟，祝遵凌．文化要素在城市街道景观设计中的运用研究［J］．设计，2019，
　　32（7）：54 – 55.

要素的运用不是古物件的照搬原貌，也不是抽象难以理解的现代主义，更不是文化景点的简单堆砌。把文脉中的精髓进行加工简化，使之迎合当下人们的生活方式和心理需求，才成为城市景观的"白话文"。①

159. 文化传播力

【词条来源】关于文化传播力，理论界对此研讨也特别多，既有从文化来源的角度进行阐述，也有从文化的受众及影响进行分析。例如，聂辰席所著《文化传播力》一书中，从网络组织的视角切入，按照新闻信息引导力、传播力、影响力等方面，对文化传播力进行了深入的阐释，分析了文化的传播规律。在国内，"传播力"的概念由刘建明在2003年最早提出，他认为"传播力是指媒介的实力及其搜集信息、报道新闻、对社会产生影响的能力"②。

【定义描述】文化传播力，理论界通常指的是人类的文化由发源地向外进行辐射式传播过程的影响力，或由一个人类群体向其他的人类群体传播过程的影响力。

【内容概览】与传统媒体形式相比，新媒体文化不再有直接文化传播和间接文化传播等明显的区分形式，或从某种方面来讲，新媒体的文化传播力可以说基本上都是直接文化传播的方式。③ 之所以有这种变化，主要是因为新媒体形势下的文化传播力，是借助数字化互动

---

① 丁山，吴冬蕾，曹磊. 城市景观设计中的地方感知研究［J］. 艺术百家 2015，31 (6)：113－117.

② 刘建明. 当代新闻学原理［M］. 北京：清华大学出版社，2003：37.

③ 何敬业，蒋红玲. 论互联网时代下的新媒体对文化传播力的嬗变与发展［J］. 黑河学院学报，2019，10 (5)：165－166.

式的各式各样的传播方式，促进文化的生产、传播并使其能够影响社会受众。与传统媒体的传播方式相比，新媒体的发展促进了文化传播文化的互动，实现了文化传播的广泛交流。在现实世界中，传统媒体的传播方式是通过电视、广播、报纸等实物媒介，具有一定的局限性，传播方式非常单一，主要是以单方面的信息输送为主。①

【适用范围】对外宣传、传播策划方案。

【案例呈现】2013 年习近平总书记在全国宣传思想工作会议上首次提出"中国故事"的概念，要求新时代的对外传播要"讲好中国故事，传播好中国声音"，② 以此为起点，"中国故事"成为对外传播工作中的重要内容。党的十八大以来，以习近平同志为核心的党中央高度重视对外宣传工作，习近平总书记多次强调，要加强国际传播能力建设……可以说，讲好中国故事，提升中国文化对外传播能力，是新时代我国对外传播的重要内容。

160. 文化失根

【词条来源】从 19 世纪到 20 世纪，随着工业社会的到来，世界各国都发生了巨大变化甚至是变故。这些物质层面的变动，对人类精神层面产生了重大影响，使这一时期人类新的价值观处于形成当中。在这种变动中，"文化失根"现象也随之出现，这一现象其实很早就被社会学家和历史学家所关注。③

---

① 金建楠. 浅谈新媒体对文化传播力的影响与提升［J］. 新闻研究导刊，2017，8（9）.

② 蔡名照. 讲好中国故事 传播好中国声音——深入学习贯彻习近平同志在全国宣传思想工作会议上的重要讲话精神［EB/OL］. 人民网，2013 - 10 - 10.

③ 王静，高天成. 文化失根的孤独——由《过客》与《等待戈多》剖析鲁迅与萨缪尔·贝克特［J］. 唐都学刊，2018，34（5）：74.

【定义描述】在时代的变迁中，人类的迁徙与漂泊，文化的交流与碰撞，使部分人群自身的生活方式、文化模式、思想观念受到严重的冲击，使某些人群原本的文化身份丧失，造成了一种缺乏文化认同感的群体文化现象。[①]

【内容概览】"文化失根"的群体总是处于几种文化碰撞而不知所从的尴尬境地，同时也不可避免地造成了他们极度缺乏社会认同与文化认同的漂泊感、失落感与孤独感，使他们在多种文化中处于一种本土文化"失语"的状态。

【适用范围】文化内容作品、文学体裁。

【案例呈现】出生于1906年5月13日的贝克特，1928年离开爱尔兰，独自一人去法国巴黎当英文教师；1930年回到都柏林在三一学院教书；1932年又只身前往伦敦；1934年前往伦敦接受心理治疗；1937年定居巴黎；1941年又因参加反对纳粹的地下抵抗运动遭到追捕，为了躲避追捕，于1942年在法国的未沦陷区沃克兰的小村庄做起了农业工人；随后又返回巴黎直到去世。流浪于欧洲各国的生活，尤其是作为一个定居法国巴黎却不愿加入法国国籍的爱尔兰人，对于故乡爱尔兰的眷恋和对自己作为爱尔兰人的文化身份的恒久确认与珍惜，使流浪于欧洲各国的贝克特拥有一个十分尴尬的文化身份。"一个世界公民，实际上也就是一个没有国籍的人，在生活中他找不到自己固有的位置，在文化中他寻不到自己固有的根"[②]。即使在法国这个文化多元化的国度里，他也还是"看到了文化中不协调、敌对的一

---

① 王静，高天成．文化失根的孤独——由《过客》与《等待戈多》剖析鲁迅与萨缪尔·贝克特［J］．唐都学刊，2018，34（5）：76．

② 李倩．"失根"与寻根——谈康拉德小说中东西方文化的冲突和选择［J］．扬州师院学报：社会科学版，1996（2）：74－78．

面"，尤其是只身离开自己所熟悉的环境与群体，"在陌生的异国他乡，内心世界必然会处于一种无所依附的失根状态"①。他是一个生活的局外人与旁观者，同时也感受到了无处不在的孤独，而这种孤独感弥漫在他的诸多作品中，尤其是在荒诞派的戏剧《等待戈多》中，这种由于被命运放逐的缺乏文化认同的文化失根的孤独感更是表现得淋漓尽致。

161. 文化内涵

【定义描述】文化内涵是指广泛的知识并能将之活学活用和内化的精神和修养。

【内容概览】文化内涵是一个群体（可以是国家，也可以是民族、企业、家庭）在一定时期内形成的思想、理念、行为、风俗、习惯、代表人物，及由这个群体整体意识所辐射出来的一切活动。传统意义上所说的，一个人有或者没有文化，是指他所受到的教育程度。后者是狭义的解释，前者是广义的解释。

【适用范围】民族、企业、家庭、作品。

【案例呈现】（1）自古以来，我国文人墨客都将"梅、兰、竹、菊"视为植物中的"四君子"。弘扬梅的坚强意识品质，倡导人们像梅不怕冬寒，尽情盛开；兰淡雅清新，正是人们所追求的君子之道；竹宁折不弯，如果国民可以具有这一气节，那么我国势必会越来越强大；菊优雅高尚，意味着做人的品格与情趣。将这些融入园林景观设计中，可以将植物文化内涵与园林设计紧密联系在一起，引导人们在

---

① 陈敬咏. 走向 21 世纪的探索：回顾·思考·展望［M］. 南京：译林出版社，1999：119.

观赏景观同时，感悟具有文化气息的设计魅力，彰显传统文化精髓①。例如，园林设计人员将"墙角数枝梅，凌寒独自开"这句王安石创作的《梅花》一诗中的经典句子书写于园林梅林亭台立柱上，可以让人们感悟到更高层次的设计理念，发挥植物文化内涵价值，震撼人们精神，给人们积极健康的文化影响。

162. 文化底蕴

【定义描述】 所谓文化底蕴，就是人类精神成就的广度和深度。

【内容概览】 文化底蕴是人或群体所秉持的道德观念、人生理念等文化特征，也是人或群体学识的修养和精神的修养。该词语具有两个前提：一是人或者人群所具有的；二是这些文化特征都有渊源以及演化，具有独特的地域性文化。我们可以说某地的人具有什么样的文化底蕴，我们可以说某公司具有什么底蕴，但不能说某物具有文化底蕴，它只能是表现出制作人所在群体的文化底蕴。

【适用范围】 修养、文化名片。

【案例呈现】 （1）一个教师的文化底蕴决定着他理解、驾驭教材的能力，只有教师具有丰厚的文化底蕴，才能创造出丰富的课堂，才能给学生以广博的文化浸染。（2）习近平人类命运共同体思想对中华传统文化的继承：继承了中华传统文化"大道之行、天下为公"的公义精神；继承了中华传统文化中"与邻为善、亲仁善邻"的友善精神；继承了中华传统文化中"以义为上、重义轻利"的共赢精神；继承了中华传统文化中"以和为贵、和而不同"的融合精神；继承了中

---

① 谭龙 . 分析植物文化的园林景观构建特点 ［J］. 花卉，2017（24）.

华传统文化中"民胞物与、万物一体"的生命精神。①

163. 文化冲突

【词条来源】美国国际政治学家亨廷顿于 1993 年发表的《文明的冲突》引起了学界的关注。亨廷顿的"文明冲突论"为我们敲响了警惕世界文化冲突的警钟，为我们思考世界文化秩序提供了新的视角。近一时期，西方思潮涌入，对我国文化产生一定的冲击，文化冲突引起了人们的关注。②

【定义描述】文化的历时态和共时态相互交织，呈现复杂的局面，于是文化冲突便得以出现，主要表现为以下四个方面：（一）传统文化与现代文化的冲突；（二）本土文化和外来文化的冲突；（三）物质文化和精神文化的冲突；（四）主流文化和大众文化的冲突。③

【内容概览】文化的冲突和碰撞会擦出新的思想火花，成为新思想新文化的温床，调动人们的积极性和创造性，从而给社会发展注入新的活力。我们应坚持"一分为二"的态度看待和对待当代中国的文化冲突，应积极寻找化解文化冲突的对策，促进文化的融合与共生。

【适用范围】传统文化和现代文化、本土文化和外来文化、物质文化和精神文化、主流文化和大众文化。

【案例呈现】电影《银冠》中两位主角之间冲突不断，折射出美国文化与犹太民族文化之间的摩擦。众所周知，美国是移民国家，民

---

① 肖珍. 习近平人类命运共同体思想的中华传统文化底蕴 [J]. 哲学理论，2018 (12)：8-10.

② 亨廷顿. 文明的冲突 [J]. 外交，1993（夏季号）.

③ 黄燕玲，王海洋. 马克思主义哲学视野下当代中国文化冲突的对策 [J]. 文教资料，2019（12）：56-57.

族众多，不同民族和种族相互融合可以使本国的文化更加丰富，但也会存在各种差异与摩擦。对待不同民族和种族之间的冲突和矛盾需要坚持理性处理的态度。冲突不可避免，双方都应该理性分析，全面看待，用开放包容的胸怀去认识、接纳其他文化。同时，在文化交融的过程中要注重对本族文化的保护和传承，采取积极合理的方式让自身的文明得以继承和发展。① 世界是一个联系紧密并不断发展的整体。无论是国家、民族还是个人，其生存和发展都离不开外界的支持与发展，文化是其中重要的因素。文化是立族强国之本，也是个人不可缺少的精神食粮。小到个人，大到国际社会，只有以包容互惠的态度去接纳其他文明，相互促进，和谐发展，世界才会绚丽多彩，才会更加美好。

164. 文化传统

【定义描述】文化传统是蕴含着传统文化的事物和现象的总结和物质体现，是指贯穿于民族和国家各个历史阶段的各类文化的核心精神。每一个民族，每一个国家的文化既因时因地而异，又有一定的稳固性和延续性，这就是文化传统所起到的作用。②

【内容概览】文化传统的形成离不开文化精神的融入，其主要体现在价值观、认知取向和审美情趣三个方面。价值观是文化传统的重要体现，其内涵在价值观取向和选取方面，也是人类文明的重要表现。认知取向是认识对象在认识过程中展现的认知方向和方式，也是思维

---

① 杨春莲，梅晓娟. 银冠下的美国主流文化和犹太文化冲突［J］. 镇江高专学报，2019，32（2）：109－111.
② 王宁. 中国文化概论［M］. 长沙：湖南师范大学出版社，2008：78.

运动的重要体现。审美情趣是文化认知过程中的关注集中方向，也是欣赏和美感表达的过程体现。

【适用范围】历史阶段、核心精神。

【案例呈现】中国传统文化中的"己所不欲，勿施于人"、西方文化中的"你要别人如何对你，就要如何对人"，这些道德金律让世人感觉只要遵循它们，天下就能和平共处，一片祥和。事实上，现实中尤其是当前国际关系中的一些现象与之背道而驰。强国与弱国之间奉行的却是：己所不欲或己所欲，强施于人。道德上的金律在一定的社会形态和社会制度中是无法成立的。毛泽东在 1943 年给彭德怀的回信中曾经就这个问题谈了自己的看法，他认为："只有在阶级消灭后，才能实现己所不欲，勿施于人的原则，消灭战争、政治压迫与经济剥削。"①

165. 文化脊梁

【词条来源】《朱子语类》卷五二："况当世衰道微之时，尤用硬着脊梁，无所屈挠方得。"

【定义描述】"文化脊梁"的定义始终坚持砥砺前行，以民族存亡、人民安乐和文化振兴为己任，对文化梦想的追求坚毅执着，拥有自强不息的奋斗精神，厚德载物的人格风范，"天下兴亡，匹夫有责""位卑未敢忘忧国"的家国情怀，弘扬中国精神，增强文化自信，这样的文坛高峰，不愧为中国的"文化脊梁"。

【内容概览】帕默尔在他的《语言学概论》（1936）中指出："汉字是中国通用的唯一（辅助性）交际工具，是中国文化的脊梁。如果

---

① 毛泽东文集：第 3 卷［M］．北京：人民出版社，1996：26.

中国人屈从西方国家的再三要求，引进一种字母文字，充其量不过为小学生省出一两年学习时间，但是，为此中国人就会失掉他们对持续了四千年的丰富的文化典籍的继承权。"① 这种代价是多么得不偿失。汉字除了在传承中国传统文化方面的无可替代性之外，汉语语音、语法特点也决定了汉字拼音化的不足取。

【适用范围】国家、民族、团队或者人的意志、胆量和节操。

【案例呈现】（1）文化自信是实现中华民族伟业的精神力量，是中国人的精神脊梁。源远流长的中华文化为社会主义强国建设提供了深厚的文化底蕴。党的十九大报告指出，"中国特色社会主义文化是激励全党全国各族人民奋勇前进的强大精神力量"。在我国决胜全面建成小康社会之际，我国公民的文化自信应作为衡量精神文化、国民素质的重要标准。从核心上来讲，文化自信是对文化的高度自觉，需要通过认知、批判、反思等机制，进一步构筑民族文化价值，体现文化主体扬弃、批判等社会实践过程。文化自信为实现中国梦提供宝贵的心理依托以及思想资源，将为民族走向复兴挺起新时代的精神脊梁。激发文化自信，发展社会主义先进文化，应"不忘本来、吸收外来、面向未来，更好构筑中国精神、中国价值、中国力量，为人民提供精神指引"②。（2）2009 年 9 月 21 日黑龙江电视台卫星频道推出的纪录片《脊梁》，其歌词如下（作词：石顺义，作曲：吴旋）："山有脊梁不塌方，虎有脊梁敢称王。人有脊梁腰杆硬，顶天立地响当当。铁脊梁啊钢脊梁军人脊梁最坚强，擎雨雪啊擎风霜擎起民族魂，看我英雄好儿郎好儿郎。"

---

① （英）L. R. 帕默尔. 语言学概论（中译本）[M]. 北京：商务印书馆，1983.
② 赵莉. 文化自信是民族复兴的精神脊梁 [J]. 人民论坛，2018（22）：138-139.

166. 文化维度

【词条来源】文化维度理论由霍夫斯泰德在20世纪80年代正式提出。他认为尽管某一社会中个体的性格千差万别，但从国家层面而言，总有一些共同且持久的性格特点。他通过对 IBM 全球员工文化价值观的分析，试图找出能够解释导致大范围内文化行为差异的因素。

【定义描述】霍夫斯泰德通过大量调查数据，从国家层面总结了文化差异的四个维度，后来扩展到六个维度[①]：权力距离、对不确定因素的避免、个人主义/集体主义、男性气质/女性气质、长期导向与短期导向、放纵与抑制。

【内容概览】（1）权力距离。权利距离指在一个社会中，组织或机构中的弱势成员对权利分配不均等的接受程度。（2）不确定性规避。避免不确定性作为社会文化维度，指在一个社会里人们对于不确定且模糊的情景所感到的威胁程度。但不确定性规避不等同于风险规避，避免不确定性的人们一旦相信他们了解了风险也会冒险。（3）个人主义、集体主义。个人主义，指在该社会中，个人之间关系是松散的，每个人都应该只关心自我和直系亲属。集体主义指在该社会中，个人从出生开始就是所在强大集体的一部分。（4）男性气质、女性气质。男性气质指一种情感性别角色截然不同的社会，在此社会中，男性应该自信、坚强，专注于物质成功，女性应该关注生活质量。而女性气质指情感性别角色重叠的社会，社会中男性和女性都应该谦虚、温柔，专注于生活质量。（5）长期导向与短期导向。长期导向是指培

---

① Geert Hofstede. The 6 - D model of national culture ［EB/OL］. https：//geert hofst-
　ede. com/，2018 - 07 - 11.

育面向未来回报、注重务实美德的社会，特别是毅力、节俭和对不断变化的环境的适应力。（6）放纵与约束。放纵社会允许相对自由的基本满足和自然的人类欲望，从而享受生活和享受乐趣。约束社会通过严格的社会规范来抑制对需求的满足并对其进行管理。①

【适用范围】跨文化管理、跨文化交际冲突分析。

【案例呈现】美剧《初来乍到》（*Fresh off the Boat*）是由华裔美国厨师黄颐铭（*Eddie Huang*）的回忆录《初来乍到：回忆录》（*Fresh Off the Boat：A Memoir*）改编而成。场景设置为 1995 年至 1997 年的美国弗罗里达州的一个白人社区，主人公为艾迪·黄一家人。艾迪·黄的父母均为中国台湾移民。艾迪·黄的父亲为了自己的餐厅创业，带领全家从华盛顿唐人街搬至弗洛里达州奥兰多，从一个中国人社区搬到了一个纯粹的白人社区，因此，也出现了许多的不适应。在艾迪·黄一家人适应美国文化的过程中，我们可以看到中美文化之间的种种差异，以及在这种跨文化交际中可能产生的问题。②

167. 文化心理

【词条来源】现代积极心理学创始人 Martin seligman 教授将积极情绪分为三类：与过去有关的与现在有关的和与将来有关的。此前，他的相关研究记录了人们对于积极情绪与文化差异的看法与评价。③

【定义描述】文化心理是指一种具有民族性的受人类在社会发展

---

① 舒莉，李林. 中国企业在非洲刚果（布）的跨文化管理研究——基于 HOFSTEDE 的文化维度分析框架［J］. 法国研究，2019（2）：65 – 76.

② 蒋润园. 从霍夫斯泰德的文化维度理论看美剧《初来乍到》的中美跨文化交际冲突［C］//外语教育与翻译发展创新研究（第八卷），2019.

③ Lee Anna Clark，David Watson，Jay Leeka. Diurnal variation in the Positive Affects［J］. Motivation and Emotion，1989（3）.

过程中所创造的物质财富和精神财富影响的心理活动。

【内容概览】（1）文化的产生取决于人类赖以生存的自然环境、历史背景和社会发展三大因素，它作为民族文化传统的"深层结构"，折射出该民族传统的实践方式和生活方式，并以广泛性、普遍性和整体性的特点综合反映出一定历史时期社会群体的一致愿望、要求和心理倾向。（2）文化心理是生活在某一文化环境中的人们共同的心理状态。文化心理是人与文化相互作用的产物，文化心理的存在与本质，只能由对其引发的文化行为及人们所处的文化背景推测而知。文化心理是社会风气中的主要成分，如流行、时髦、风俗、时尚、风尚、潮流等无不是通过一定文化与人们相互作用而产生。（3）文化意识的低级形式，它以情感、愿望、兴趣、爱好等方式，体现社会的文化风尚，反映社会的文化需要。文化心理在社会生活中占有极为重要的地位。它的形成和发展，是人们社会化过程中的必要环节，也是社会文化财富代代承续的必要中介。人们对于生活环境和社会关系的认识，是从形成外部世界的印象开始的。印象是情感和观念的混合体，它不仅使人们有可能理解社会，而且从精神上把人们纳于社会生活体系之中。社会印象在人们头脑中的积累和整理过程，以及这种积累和整理的成果，就构成了文化心理。文化心理的形成，也就是一定社会教化的实现，它为更高级的文化活动，例如文化创造和文化消费提供了精神基础。（4）文化心理的嬗变，有着变好与变坏两个向度，在一个健康的社会里，会产生良性互动，伴随着社会的进步，国民性格得以优化升级，国民素质的提高，又推动着社会的快速发展。如果制度设计与人性相违逆，公平、自由等"天赋人权"丧失殆尽，劣币驱逐良币，

"破窗"效应发作，恶性循环，也是有的。① （5）文化心理不可能在短时间内形成，年久日深，相沿成习，积淀而为一种文化、一种心理、一种文化心理。文化心理的透视，没有科学仪器那般精准，通常要加一个限制语作前缀，"一般来说""大体而言"，任何概括都意味着有所牺牲，总会有例外的情况。

【适用范围】文学作品、心理活动。

【案例呈现】在海南省屯昌县坡陈村，武术作为普及率最高、影响力最大的运动，对于农村受众的意义不言而喻，坡陈村武术文化孤岛形成的核心要素是文化心理原因，村民们在文化心理上都有一种趋同性，而武术作为应运而生的一种文化载体，它使人们通过对武术的习练达到了自我认同、族群认同以及社会认同的心理愿望。尤其是坡陈村每年农历九月二十七纪念祖师爷的尚武崇德日，更是体现了村民的感恩及对情感的寄托。②

---

① 张伟. 说文化心理 ［J］. 阴山学刊，2018，31 （2）：112.
② 薛欣，陈晓旭. 坡陈村传统武术文化孤岛成因分析 ［J］. 武术研究，2018，3 （4）：1 – 3.